Stefan Michaeli

Weihnachten, wie's im Buche steht

Stefan Michaeli

Weihnachten,
wie's im Buche steht

Wie uns die Bibel Weihnachten schildert

Autor:

Stefan Michaeli ist Theologe und war Gemeindepastor in mehreren freikirchlichen Gemeinden im südlichen Deutschland. Er ist verheiratet und hat zwei erwachsene Kinder. Er publiziert zum Selbstschutz unter einem Künstlernamen.

Der Autor steht gerne für Predigten, Referate, Schulungen oder Autorenlesungen zur Verfügung. Gerne kann mit dem Autor Kontakt aufgenommen werden unter: *stefan.michaeli@gmx.de* oder über seine Webseite: *stefanmichaeli.weebly.com*. Über die Webseite können auch weitere Bücher des Autors bestellt werden.

Von Stefan Michaeli liegen bisher vor:

»Erbärmliche Gemeinden« (2005/2020)
»Sterbefall Gemeinde« (2020)
»Hundertachtzig Grad verkehrt« (2020)
»Jesus provoziert!« (2021)
»Weihnachten, wie's im Buche steht« (2023)
»Nur die Bibel!« (2023)
»Placebo-Glaube« (2025)

ISBN: 978-3-7578-1932-3
2. Auflage 2025
© 2023 Stefan Michaeli / Alle Rechte beim Autor
Verlag: BoD · Books on Demand GmbH, Überseering 33, 22297 Hamburg, bod@bod.de
Druck: Libri Plureos GmbH, Friedensallee 273, 22763 Hamburg
Umschlaggestaltung: Autor / Bildnachweis Cover: pixabay.com
Bibliografische Information der Deutschen Nationalbibliothek: Die Deutsche Nationalbibliothek verzeichnet diese Publikation in der Deutschen Nationalbibliografie; detaillierte bibliografische Daten sind im Internet über dnb.dnb.de abrufbar.

„Euch ist heute ein Befreier geboren!"

Ein Engel zu einer Gruppe völlig überraschter Hirten
vor rund zweitausend Jahren
(Lukas 2,11)

Inhalt:

Vorwort des Autors

Jesus kam vor über zweitausend Jahren in unsere Welt. Das ist historisches Fakt. Allerdings wissen wir nur relativ wenig davon, was bei dieser Geburt alles geschah, nämlich nur das, was uns Matthäus und Lukas in ihren Evangelien berichten. Der Autor geht davon aus, dass genau dies, was uns die beiden berichten, auch das ist, was Gott bis in unsere heutige Zeit festgehalten wissen wollte. Er hat ihnen eingegeben, was sie über die Geburt seines Sohnes weitergeben sollen und was als „überflüssiges Beiwerk" weggelassen werden kann.

Allerdings deckt sich das, was sich inzwischen bei uns als unverzichtbare Bestandteile von Weihnachten etabliert hat, weitgehend nicht mehr mit dem, was Matthäus und Lukas in Gottes Auftrag festzuhalten hatten. Stattdessen benutzen wir deren Berichte nur noch als „Unterfütterung" beziehungsweise als „Stichwortgeber" längst verselbständigter Weihnachtstraditionen.

Dieses Büchlein will zurückführen zu dem, was Gott an „Weihnachten" für wichtig erachtet. Denn dies ist längst nicht mehr das, was uns bei unseren Weihnachts-feiern „heilig" geworden ist.

Dabei erhebt diese Auslegung nicht den Anspruch auf eine umfassende und ausgewogene Darstellung des weihnächtlichen Geschehens, sondern legt bewusst den Schwerpunkt auf diejenigen Inhalte der biblischen Weihnachts-überlieferung, die wir hierzulande verdrängt oder sogar ganz verloren haben.

Über die Bedeutung der Messias-Ankunft für Israel und die Heidenvölker, über die Textbezüge zum Alten Testament und die Erfüllung alttestamentlicher Ver-heißungen, über den geistlichen Gehalt der verschiedenen Lobpreisungen sowie über die zeitgeschichtlichen Hintergründe zur Jesus-Geburt informieren längst eine Fülle von empfehlenswerten Bibelkommentaren. Der Autor verzichtet bewusst darauf, diese bereits anderweitig ausführlich erläuterten und für Interessierte weitgehend bekannten Aspekte von Weihnachten erneut zu wiederholen.

Kulturweihnachten

Weihnachten hat sich verselbständigt. Unsere Kultur hat daraus ein jährlich wiederkehrendes Emotionalitätsspektakel für die breite Bevölkerungsmasse gemacht, dessen Ursprung und ehemalige Bedeutung zumeist nur noch Eingeweihte kennen: Wir, die frommen Christen.

Einer davon, ein bekannter und beliebter Kinder-Entertainer, hat es vor einigen Jahren auf diesen markanten Nenner gebracht: *„Weihnachten ist Party für Jesus!"* Dieser Spruch und das Kinderlied dazu machen seither unaufhaltsam die Runde unter den Gläubigen hierzulande. Und diese Weihnachtsdefinition passt wie die Faust aufs Auge.

Ein erfolgreicher Kinder-Animateur ist selbstverständlich ein Profi in Bezug auf Entertainment. Da sich unsere Art, Weihnachten zu feiern, inzwischen tatsächlich zum Entertainment entwickelt hat, bringt es logischerweise also nun ein Unterhaltungsprofi passend auf den Punkt.

Nicht nur für die Kinder. Zwar hat er Weihnachten mit seinem Spruch griffig auf Kinderniveau transferiert. Und es war bestimmt auch irgendwie spaßig gemeint. Aber der Spruch macht wohl deshalb die Runde unter den Frommen, weil er nicht nur die Kinder, sondern uns alle abbildet: Mehr als *„Party für Jesus"* haben weitestgehend auch wir bekennenden, jesusgläubigen Christen an Weihnachten nicht mehr auf dem Schirm.

Wie sollten wir auch? Die Weihnachtszeit mit vorlaufendem Advent ist Party für alle. Ein Entertainment, ein Unterhaltungsprogramm, eine mehrwöchige Dauerveranstaltung von atmosphärischer Dichte und alles vereinnahmendem Stimmungszwang, dem sich keiner entziehen kann. Advent mit Kulminationspunkt Weihnachten: Die ganze Bevölkerung, alle machen mit. Wir Frommen auch. Denn wir sind nun mal Teil dieser Kultur, die die Weihnachtszeit zum Kulturerbe, ja fast schon zum Kulturzwang erhoben hat.

Und wir machen gerne mit. Umso mehr wir ja den wahren Grund des Feierns, dessen Ursprung, kennen. Die ganze flächendeckende Advents- und Weihnachtsorgie mit ihren besinnlich getrimmten Stimmungsveredlern und ihren romantischen Emotionalitätsverstärkern, die gesamte optische und akustische Reizüberflutung ist eben nicht nur „irgendein" gigantisches Entertainment, nicht nur „irgendein" wochenlanges Mega-Event, sondern eben eine ganz spezielle Party: Die *„Party für Jesus"*!

Wir christlich orientierten und fromm Geprägten wissen das. Deshalb sagen wir: Es ist gerade richtig, dass wir den Geburtstag von Jesus so ausgiebig feiern! Denn er ist ja immerhin unser „Erlöser"! Also: Alle feiern, und wir feiern selbstverständlich mit! Es ist ja auch unsere Party! Genau besehen sogar erst recht „unsere" Party, denn wir wissen sogar - im Gegensatz zur Mehrheit hierzulande - warum wir diese Party feiern!

Wissen wir das wirklich?

Nun, in der Theorie schon. An Weihnachten feiern wir die Geburt Jesu. Wir feiern, dass Gott sich in Form seines Sohnes aufgemacht hat, seinen herrlichen Himmel zu verlassen und mitten hinein in unsere Welt zu kommen, „einer von uns" zu werden. Ziel der Aktion: Rettung von uns Menschen. Diese Rettungsaktion startet mit Weihnachten. Weihnachten ist der Augenblick, wo Jesus, der Retter, tatsächlich in unsere Sphäre, in den Bereich des Irdischen und Weltlichen, eintritt. In unsere Welt eben.

Die Geburtsfeier unseres Herrn Jesus Christus ist also die Feier des Eintreffens des Gottessohns bei uns Menschen. Und wir feiern damit insbesondere den Startschuss zu unserer Errettung, weil diese Errettung eben nicht durch ein System oder durch eine Philosophie oder durch eine

„zu glaubende Wahrheit" vollzogen wird und auch nicht mit edler Gesinnung und ethisch hochwertigen Taten erworben werden kann, sondern ausschließlich durch eine Person geschieht: Durch Jesus höchstpersönlich. Er kommt zu uns in diese Welt, ermöglicht hier durch sein Sterben am Kreuz unsere Errettung und bietet sie uns nach seiner Auferstehung an: Errettet wird ausschließlich derjenige, der diesem Gottessohn sein Leben anvertraut.

So hat es Gott bestimmt, genau so funktioniert sein Rettungsplan. Und diese ganze göttliche Rettungsaktion startet eben mit der Ankunft von Jesus, seinem Sohn, in dieser Welt. Also mit Weihnachten.

Das ist die Theorie. Die kennen wir zwar durchaus, aber gerade zu Weihnachten gerät sie stark in den Hintergrund. Im Vordergrund steht dann nicht mehr die Geburt Jesu, unseres Erlösers, sondern vielmehr romantische Stimmung, harmonisches Familientreffen, ausgiebiges Tafeln und gegenseitiges Geschenkeaustauschen. Denn in dieser Kultur leben wir. Auch als jesusgläubige Christen. Und die Kultur prägt uns! Auch die Weihnachtskultur hierzulande.

Unsere alles vereinnahmende Weihnachtskultur, die exzessive Art des Feierns, der unentrinnbare Dezember-Trubel mit permanentem und wochenlangem Advents- und Weihnachtsentertainment, der jährlich über uns hereinbricht, überdeckt und durchdringt alles. Auch unsere eigentlich vorhandene Erkenntnis oder zumindest Überzeugung, zu wissen, was wir tatsächlich feiern. Dieses Wissen gerät unweigerlich ins Abseits, wenn nicht sogar total unter die Räder. Es wird sozusagen zermalmt im Räderwerk der unausweichlichen Weihnachtsmaschinerie.

Das alles ist nun allerdings keine neue Erkenntnis, sondern wir wissen es längst und haben durchaus kapiert, dass Weihnachten, so wie wir es feiern, auch seine geistliche Schattenseite hat. Wir Christen finden es zwar ganz toll, dass Weihnachten in unserer Kultur einen so hohen „Feier-Wert" hat; weniger toll finden wir jedoch manche Auswüchse, die die Art unseres Weihnachtfeierns zeitigt. Und gar nicht toll empfinden wir es, dass wir selbst dadurch fast jedes Jahr unweigerlich das Eigentliche von Weihnachten ziemlich aus dem Blick und aus dem Sinn verlieren.

Letzteres Bedauern wir dann auch pflichtgemäß, tappen aber jedes Mal wieder in dieselbe Falle. Weihnachten in der Art, wie wir es hierzulande feiern, ist einfach zu verführerisch und zu anziehend, als dass wir uns der allgemeinen Advents- und Weihnachtsstimmung entziehen könnten. Wir feiern deshalb mit, und gerne gleich mit so ziemlich allem, was dazugehört.

Wir sind eben auch als Christen Kinder unserer Kultur und betrachten, genauso wie alle Welt, Weihnachten alljährlich durch unsere rührselig verklärte Weihnachtsbrille: Lebkuchenduft, schummriges Kerzenlicht und „Jingle-Bells"-Gedudel im Hintergrund. Das gehört einfach dazu!

Und momentan erleben wir sogar noch eine kleine weihnachtsromantische Revolution: Die metamorphose Schwerpunktverschiebung hin zur Lichterorgie. Nicht nur unsere Innenstädte und Häuserfassaden werden inzwischen flächendeckend illuminiert, sondern auch der kulturrelevant unverzichtbare Christbaum in unseren Wohnzimmern mutierte innerhalb weniger Jahre zur Lichtersäule: Statt mit einem Dutzend flackernder Wachskerzen bestückt erstrahlen unsere Bäume sei kurzem mit hunderten, wenn nicht sogar tausenden von kleinen Lämpchen! LED-Technik sei Dank!

Zusätzlicher Aufwind also in unseren kulturgesteuerten Romantikbemühungen, eine neue Stufe der Stimmungshebung wird erklommen: Lichterglanz in Orgienfülle als ultimativ angesagter Weihnachtskick mit garantierter Wohlfühlsteigerung!

Das ist unser alljährliches Weihnachtserleben. Das ist das, wie unsere Welt jeweils Jesu Geburtstag begeht. Und wir Christen mittendrin. Wir, die wir wissen: Es geht dabei ja eigentlich um die Tatsache, dass Gott höchstpersönlich in unsere Welt hineinkam. Und das feiern wir.

Als *„Party für Jesus"*.

***

Natürlich freuen wir uns als Christen, dass Weihnachten einen solchen Stellenwert besitzt und in unserer Kultur so breit gefeiert wird. Natürlich betonen wir, dass dies immerhin noch dasjenige Fest im Kirchenjahr ist, zu dem sich Hinz und Kunz doch noch einmal aufmachen und zum Festgottesdienst in die Kirche pilgern! Evangelistisch Gesinnte versuchen sogar, über die allgemeine Wohlfühl-Weihnachtshysterie hinausgehend mit Menschen über den „wahren Sinn von Weihnachten" ins Gespräch zu kommen. Leider zumeist erfolglos, denn die Menschen um uns her haben halt besagte „Wohlfühl- und Harmonie-Weihnachtsbrille" auf und sind ausschließlich in Feierlaune. Genauso wie wir Frommen ja eigentlich auch. Und deshalb sind sie natürlich nicht in der Stimmung, sich über den Ursprung des Feierns grundsätzliche Gedanken zu machen, zu vertiefter innerer Besinnung zu gelangen oder gar eine weltanschauliche Problematik mit persönlicher Relevanz zu bedenken.

Missionarisch erleben wir deshalb jede Weihnacht dasselbe Desaster: Null Erfolg. Logisch. Denn uns selbst geht es im Prinzip doch genauso: Wenn wir „weihnächtlich eingestimmt" sind, dann sind wir gepolt auf Lebkuchen, Musikberieselung, Lichtergirlanden, Familienfestessen und allenfalls noch etwas gemütliche Besinnlichkeit. Genauso wie alle um uns herum. Die Weihnachtszeit ist deshalb ausgesprochen ungeeignet für eventuelle evangelistische Bemühungen.

Und genauso scheitern dann fast immer auch unsere Anstrengungen, wenigstens uns selbst inmitten allen Trubels ernsthaft „auf das Eigentliche" zu besinnen. Weil wir es partout nicht schaffen, unsere romantisch verklärte Weihnachtsbrille beiseite zu legen: Auch für uns Frommen funkelt der Stern verheißungsvoll über einem gerade durch seine bewusst kärgliche Ausstattung ausgesprochen romantisch wirkenden Stall; das strohbedeckte Innere wirkt auch auf uns gemütlich und warm; in einer Ecke äsen friedlich Ochs und Esel und im Zentrum blicken Maria und Josef milde lächelnd auf das in der Krippe fröhlich zappelnde Baby. Dann öffnet sich die Stalltür und eine Schar Hirten drängelt sauber, gepflegt und neugierig inmitten ihrer wollenen Schäfchenschar zur Tür herein, gefolgt von drei edlen Weisen, die in orientalischem Habitus dem frischgebackenen Elternpaar ihre Aufwartung machen und königliche Geschenke überreichen.

Ungefähr das sind die Weihnachtsbilder, die während dem gemeinsamen Feiern konstant durch unsere Köpfe und Blicke geistern; egal ob geistlich oder weltlich gesinnt. Einfach unwiderstehlich!

Die christlich gesinnte Fraktion unter uns ergänzt diese szenischen Weihnachtsvorstellungen dann jeweils immerhin noch durch das feierliche Verlesen der Weihnachtsgeschichte im trauten Familienkreis, wozu wir eine betont besinnliche Miene aufzusetzen haben. Dabei lesen wir stets die Version von Lukas, diejenige aus dem 2. Kapitel seines Evangeliums, die mit dem vertrauten lutherdeutschen *„Es begab sich aber ..."* beginnt. Wir tun dies jedoch zumeist nicht wirklich aus theologischen, geschweige denn aus geistlichen Gründen, sondern vielmehr aus Tradition. So gehört es sich einfach!

Diese ganze Leseaktion erinnert dann weniger an das Kommen des Gottessohns, sondern viel eher an das *„The same procedure as every year"* (*„derselbe Ablauf wie jedes Jahr"*) aus dem englischen Sketch *„Dinner for one"*, den die weltlich gesinnte Fraktion der Weihnachtsfeiernden sich alljährlich anstelle der von der frommen Gruppe bevorzugten lukanischen Weihnachtgeschichte zu Gemüte führt. So pflegen beide Fraktionen ihre jeweilige Tradition, wobei die eine es dabei etwas besinnlicher angehen lässt, die andere dafür etwas unterhaltsamer.

Ergänzend zur Lesung aus dem Lukasevangelium gehört dann selbstverständlich für wahre Christen auch der Besuch eines Weihnachtsgottesdienstes zum Pflichtprogramm. Der nächste Versuch also, sich „auf das Wesentliche" zu besinnen. Dort stimmen wir dann in den ausgesprochen hoffnungsfroh stimmenden Kirchengesang mit ein, auch wenn wir uns weniger auf den textlichen Gehalt der Lieder konzentrieren, sondern vielmehr daran aufblühen, dass wir diese von Kindsbeinen an gewohnt sind und die vertrauten Melodien jedes Jahr wieder gerne singen. Dazwischen gönnen wir uns das unvermeidliche Krippenspiel, von engagierten Mitarbeitern und Kindern der Sonntagschule aufopferungsvoll eingeübt und dargeboten. Die theatralische Darstellung des Weihnachtsgeschehens bedient dabei haargenau unsere gehätschelten und gepflegten Weihnachtsklischees vom romantischen Stall, dem weichen Stroh, den netten Hirten und den skurrilen orientalisch Royals.

Nicht dass ich das jetzt geringschätzen oder lächerlich machen wollte. Aber der Erfolg jeden Krippenspiels ist, neutral betrachtet, in aller Regel zur einen Hälfte darin begründet, dass wir die Darsteller zumindest teilweise persönlich kennen und stolz sind, wenn sich die Mitglieder unserer Familie auf der Bühne gut schlagen, und zum anderen Teil darin, dass die Aufmachung und der Ablauf der Szenen genau unsere romantisierenden Vorstellungen von Weihnachten bedient und somit die eigene Sichtweise bestätigt. Es ist folglich erneut nicht nötig, zumindest jetzt mal die rosarote Stimmungsbrille, die wir permanent seit Beginn der Adventszeit tragen, abzunehmen.

Da in diesem Gottesdienst dann regelmäßig auch die kurze Weihnachtsbotschaft unseres Theologen vom Dienst keinerlei Überraschungen, geschweige denn Herausforderungen enthält (denn das sollte sie keinesfalls, weil das ja dann die weihnächtliche Stimmung trüben würde!), geben wir uns zwar auch da noch leicht besinnlich, weil sich dies eben so gehört, werden uns aber hüten, preiszugeben, was wir geistlich in diesem Festgottesdienst erlebt haben. Nämlich: Nichts! Denn es wurden auch da ausschließlich Traditionen bedient, um ja unsere Weihnachtsstimmung aufrecht zu erhalten und keinerlei Unruhe in die allgemeine *„Party für Jesus"* zu säen.

Das war's dann aber auch schon für die allermeisten Christen betreffend „sich auf das Wesentliche besinnen". Nur ganz wenige schaffen es vielleicht noch, sich selbst wenigstens für den einen oder anderen kurzen Augenblick doch noch mal an den Kern des Feierns zu erinnern. Mitten in allem Weihnachtstrubel, in einer sich abgerungenen ruhigen Minute oder vielleicht abends vor dem Einschlafen erinnern wir uns daran, dass wir eigentlich gerade die Ankunft unseres Erlösers feiern.

Mit Betonung auf *„eigentlich"* ...

Nein, ich will die schönen Aspekte der Weihnachtszeit hier nicht grundsätzlich in Bausch und Bogen verurteilen. Die Wahrheit ist: Auch ich genieße durchaus die besondere Atmosphäre über die Advents- und Weihnachtszeit. Wahr ist aber auch, dass es mir schwerfällt, diese Art der Weihnachtsbegehung mit dem, was uns die Bibel als „Weihnachten" überliefert, in Einklang zu bringen.

Fakt ist nämlich, dass es so gut wie keine Berührungspunkte gibt zwischen unserem derzeitigen Weihnachtserleben und den damaligen Gegebenheiten bei der Geburt Jesu, so wie sie uns in der Bibel überliefert werden.

Welche Weihnachts-Vorlage also finden wir tatsächlich in der Bibel?

Zwei Erzählungen

Die Bibel überliefert uns bekanntlich zwei Weihnachtsberichte. Matthäus und Lukas haben uns ihre je eigene Schilderung des Weihnachtsgeschehens hinterlassen*, wobei Lukas die fast gleichzeitig stattfindende Geburt von Johannes dem Täufer in die Geburtsgeschichte Jesu mit einbezieht. Matthäus seinerseits schildert vor allem Begleitumstände; die Geburt Jesu als solche fasst er in einem knappen Halbsatz zusammen: *„Und er* [Josef] *berührte sie* [Maria] *nicht, bis sie einen Sohn gebar ...“* (Matthäus 1,25).

Mit diesen beiden Weihnachtsdarstellungen sollten wir selbstverständlich - genauso wie mit allen biblischen Texten – sorgsam umgehen. Wir dürfen auch hier keinesfalls der Versuchung erliegen, irgendetwas in diese Erzählungen hineinzulesen, sondern müssen vielmehr die Intension der Geschichten aus ihnen herauslesen.

Leider gelingt uns das bei den beiden Weihnachtsgeschichten nicht wirklich. Aufgrund der soeben geschilderten kulturellen Ausprägung unserer Weihnachtsfeiern legen wir sowohl bei der Version von Lukas wie auch bei der von Matthäus Romantik hinein, statt dass wir die – leider recht nüchternen und unromantischen – Fakten herauslesen. Wir überkleistern die Berichte so vollständig mit unseren rührseligen Weihnachtsgefühlen, dass deren wahrer und ursprünglicher Gehalt nicht mehr zu erkennen ist. Dadurch interpretieren wir aber die Erzählungen über Jesu Geburt unsach-

* siehe Anhang

gemäß und ungeistlich. So kann und darf mit der Bibel nicht umgegangen werden, und Lukas genauso wie Matthäus würden sich mit Sicherheit gegen unsere Lesart ihrer Berichte verwehren. Müssten die beiden gar einem unserer heutigen Krippenspiele beiwohnen, würden sie höchstwahrscheinlich laut protestierend und entrüstet den Saal verlassen!

Außerdem stellen wir uns durch unsere verzerrte Weihnachtsbrillen-Optik schon zu Beginn der Lektüre von zwei der insgesamt vier biblischen Evangelien ein völlig verklärtes, weltfremdes und rosarot übertünchtes Jesus-Bild vor Augen. Der Jesus unserer heutigen Weihnachtsfeiern ist keinesfalls der Jesus, über den Matthäus und Lukas in ihren Evangelien berichten wollen!

Wir legen damit also gleich am Anfang der beiden Evangelien den Grundstein zu einem Jesus-Verständnis, das ohnehin derzeit in mancherlei Hinsicht mangelhaft und fragwürdig ist. Auch in evangelikalen Kreisen!

Derzeit haben sich nämlich die meisten Christen eine Vorstellung von Jesus angeeignet, die sich im Wesentlichen ungefähr folgendermaßen präsentiert: Zuerst ist Jesus das süße, knuddelige Babylein im weichen Stroh. Daraus wird dann der sympathische und gutaussehende junge Mann, der sich heutzutage zwar unsichtbar, aber nichtsdestotrotz täglich an unserer Seite tummelt und sich leicht geheimnisvoll, aber stets sanftmütig, als guter persönlicher Freund präsentiert und voller Weisheit und ausgestattet mit übernatürlichen Fähigkeiten unseren Lebensweg ebnet. Zwischenzeitlich hatte man ihn auch einmal - völlig zu Unrecht! – an ein Kreuz genagelt, was rettungstechnisch gesehen zwar unumgänglich war, jedoch bis heute noch immer unsere abgrundtiefe Empörung auslöst. Zu guter Letzt jedoch, irgendwann in naher Zukunft, wird er dann zum alles überragenden König mutieren, der gerecht richten und herrschen wird und uns als seine Freunde in sein himmlisches Kabinett im Paradies beruft, in dem wir ihn dann täglich, in ungetrübter Einmütigkeit an seinem royalen Festbankett tafelnd, feiern.

Dazu, zu dieser schillernden Person, passt dann natürlich unser alljährlicher, rosarot-lieblich-harmonischer Weihnachtskrippen-Jesus allerbestens.

Aber: Ist das Jesus?

Mit Sicherheit ist dies nicht der Jesus, den uns die Bibel überliefert. Denn der ist nicht einfach nur harmonisch, freundlich und bequem.

Jesus, wie ihn uns die Bibel schildert, kann durchaus seinen Freund Petrus auch mal mit *„Du Satan!"* betiteln (Markus 8,33); er kann den Glauben seiner Nachfolger mit *„Es gibt einige unter Euch, die glauben nicht"* (Johannes 6,64) so konsequent auf den Prüfstand stellen, dass *„sich von da an viele seiner Jünger abwandten und hinfort nicht mehr mit ihm gingen!"* (Johannes 6,66); er kann von seinen Nachfolgern *„Selbstverleugnung"* inklusive *„sein Kreuz auf sich nehmen"* einfordern (Matthäus 16,24) und von ihnen erwarten, dass sie ihn mehr lieben als Vater, Mutter, Sohn oder Tochter (Matthäus 10,37); er prophezeit uns rundheraus, dass *„nicht alle, die zu mir sagen: »Herr, Herr!« in das Himmelreich kommen"* (Matthäus 7,21) und klärt darüber auf, dass wir dann selig seien, *„wenn euch die Menschen um meinetwillen schmähen und verfolgen und allerlei Böses gegen euch reden und dabei lügen!"* (Matthäus 5,11); außerdem sei er ohnehin nicht gekommen, *„Frieden zu bringen auf die Erde, sondern das Schwert!"* (Matthäus 10,34).

Solche und viele weitere vergleichbare Aussagen Jesu, die uns die Bibel – und insbesondere gerade Matthäus, von dem ja eine der beiden Weihnachtserzählungen stammt! - überliefert, passen ganz und gar nicht zu unserem süßlich verbrämten Jesus-Verständnis!

Kommt dazu, dass die ersten Jünger nach der Himmelfahrt ihres Herrn alles andere als lauter besinnlich-romantische Erfahrungen machten, nachdem sie sich auf denjenigen eingelassen hatten, der sich aus unserem süßlichen „Weihnachtsbaby" entwickelt hatte!

Diejenigen, die ihn am allerbesten gekannt haben und deshalb ganz genau wussten, was sich Jesus unter „Nachfolge" vorgestellt hatte, die zwölf Apostel nämlich, haben bis auf einen (Johannes) vermutlich alle den Märtyrertod erleiden müssen. Und Paulus, der (zu Recht!) als Vorbild für konsequente Hingabe an Jesus gilt, bilanziert seine Nachfolgeerfahrungen unter anderem mit: *„Ich habe mehr gearbeitet, ich bin öfter gefangen gewesen, ich habe mehr Schläge erlitten, ich bin oft in Todesnöten gewesen. Von Juden habe ich fünfmal erhalten vierzig Geißelhiebe weniger einen; ich bin dreimal mit Stöcken geschlagen, einmal gesteinigt worden; dreimal habe ich Schiffbruch erlitten, einen Tag und eine Nacht trieb ich auf dem tiefen Meer. Ich bin oft gereist, ich bin in Gefahr gewesen durch Flüsse, in Gefahr unter Räubern, in Gefahr von meinem Volk, in Gefahr von Heiden, in Gefahr in Städten, in Gefahr in Wüsten, in Gefahr auf dem Meer, in Gefahr unter falschen Brüdern; in Mühe und Arbeit, in viel Wachen, in Hunger und Durst, in viel Fasten, in Frost und Blöße; und außer all dem noch das, was täglich auf mich einstürmt..."* (2.Korinther 11,23-28). So sah die Nachfolge bei einem der markantesten Vorbilder für real gelebte Jüngerschaft aus!

Und zwar nicht etwa nur, weil die Zeiten damals eben etwas rauer waren, sondern insbesondere deshalb, weil Paulus sich auf diesen Jesus eingelassen hatte! Genau darauf weist er nämlich mit der eben zitierten Passage aus seinem zweiten Korintherbrief hin: Diese ganzen Probleme bis hin zu lebensgefährlichen Situationen sind ihm nur deshalb widerfahren, weil er sich auf den Sohn Gottes eingelassen hatte und Jesus konsequent nachgefolgt ist. Eben diesem Jesus, an dessen Geburt wir uns alljährlich an Weihnachten erinnern!

Passen die holdseligen Glücksmomente unserer alljährlichen Christmas-Partys zu diesen Nachfolgebeschreibungen? Widerspiegelt das Leben eines Paulus und das Ergehen der Apostel die Begegnung mit demjenigen, der sich aus dem „süßen Krippen-Baby" unserer Weihnachtsspiele entwickelt hat?

Weder die oben angeführten Aussagen Jesu noch die biblisch überlieferte Charakteristik der Nachfolge der absoluten Jesus-Kenner bestätigen unser künstlich harmonisiertes Zerrbild des stets lieblich und sanftmütig lächelnden Jesus, welches sich längst in unseren Köpfen eingenistet hat!

Und zwar unmerklich, was die Sache nur umso schlimmer, ja sogar regelrecht gefährlich macht. Denn wir merken es inzwischen gar nicht mehr, dass der biblische Jesus längst nicht mehr derjenige ist, den wir uns dauernd vor Augen malen. Insbesondere, wenn wir anlässlich von Weihnachten Jahr für Jahr mit dieser Art, wie wir seinen Geburtstag begehen, diese verquere Jesus-Sicht in unseren Köpfen stets weiter betonieren.

Wir bräuchten stattdessen den biblischen Jesus. Nur den. Genau den. Denn einen anderen gibt es nun mal nicht!

Mit der Weihnachtsgeschichte, so wie wir sie derzeit hören und interpretieren, legen wir leider schon ganz zu Beginn, bei der Geburt Jesu, das Fundament zu unserem schiefen und untauglichen Jesus-Verständnis. Was sich übrigens dann – logisch – auch direkt auf unser Nachfolgeverständnis und dann – ebenfalls logisch – auch auf unsere gelebte Nachfolge, also unser tatsächlich praktiziertes Christsein, auswirkt. Untaugliches Jesusbild, untaugliche Nachfolge. Untrennbar verknüpft. Und die Basis dazu zementieren wir alljährlich mit unserer kulturromantischen Interpretation von Weihnachten.

Zeit, sich wieder der echten Weihnachtsgeschichte zu stellen. So wie sie tatsächlich bei Matthäus beziehungsweise bei Lukas in der Bibel steht. Diese Berichte romantisieren nämlich nicht, sondern fordern heraus.

***

Warum eigentlich haben nur zwei von den vier Evangelien des Neuen Testaments, die uns das Leben Jesu schildern, zu Beginn einen Bericht über die Geburt Jesu? Warum finden wir nur bei Matthäus und Lukas eine Weihnachtserzählung, bei Markus und Johannes jedoch nicht?

Dazu sollten wir uns vorab mit ein paar grundlegenden Gedanken befassen. Diese sind wichtig, um die beiden Weihnachtsgeschichten in ihrer ganzen Bedeutung zu verstehen.

Grundsätzlich handelt es sich den vier Evangelien bekanntlich um literarische Darstellungen einer Person, nämlich derjenigen von Jesus. Die vier Schreiber (Matthäus, Markus, Lukas und Johannes) haben alle dasselbe konkrete Ziel vor Augen: Sie wollen mit ihren Werken den Gottessohn so beschreiben, dass der jeweilige Leser ein klares und korrektes Bild davon erhält, wer und wie der irdische Jesus war.

Dabei ist natürlich zu beachten (und das haben die vier Schreiber mit Sicherheit mitbedacht!), dass bei einer ausführlichen, viele Kapitel umfassenden Personenbeschreibung dem Anfang eine besondere Bedeutung zuzumessen ist. Gleich zu Beginn sollten unbedingt die wesentlichen Grundzüge, die spezifischen Charakteristika der zu beschreibenden Person geschildert oder zumindest angedeutet werden, damit dem Leser dank einem ersten Eindruck dieser Person schon früh eine passende Grundlage für die weiteren Beschreibungen seiner Worte und Tätigkeiten vermittelt wird. Ein guter Schriftsteller legt deshalb am Anfang seines Werkes bewusst eine passende, richtungsweisende Basis für die nachfolgenden Erzählungen; er will und soll den Leser gleich auf die richtige Spur bringen, was für eine (besondere) Person er nachfolgend schildern wird und worauf im Speziellen bei den weiteren Beschreibungen jeweils zu achten sei. Gerade bei einer Biographie oder Personendarstellung zählt natürlich der erste Eindruck ganz besonders!

Deshalb macht es durchaus Sinn, sich vor dem Betrachten der Weihnachtsgeschichten erst mal die Frage zu stellen, warum nur Matthäus und Lukas die Geburt Jesu schildern, Markus und Johannes jedoch nicht?

Rein biographisch betrachtet wäre ein Hinweis auf die Geburt der zu beschreibenden Persönlichkeit eigentlich eine logische Angelegenheit: Jedes irdische Leben beginnt nun mal genau damit. Will man also das Leben einer Person beschreiben, liegt es nahe, zuerst einmal zu schildern, wann, wie und wo sie auf die Welt kam.

Offensichtlich war aber nicht die chronologische Darstellung des Lebens Jesu das zentrale Leitmotiv bei der Abfassung der vier Evangelien, sonst hätten alle vier damit begonnen. Allenfalls bei Matthäus könnte ein chronologisches Motiv vermutet werden, denn er beginnt sein Evangelium bekanntlich mit dem „Stammbaum Jesu", also der Aufzählung von Jesu Vorfahren in zeitlich korrekter Abfolge, bevor er dann, direkt daran anschließend, zu seiner Version der Geburtsgeschichte übergeht.

Lukas seinerseits benennt als allererstes die Zielrichtung seines Evangeliums: Er will einen *„sicheren Grund der Lehre"* (über das Christentum) liefern und dazu *„alles in guter Ordnung aufschreiben"* (Lukas 1,3+4). Da die *„Lehre"* über den christlichen Glauben aber zentral von einer Person abhängt, ja diese Person - also Jesus als (christlicher) Religionsbegründer – sozusagen die Lehre höchstpersönlich verkörpert, entscheidet sich auch Lukas nicht etwa für theologische Erörterungen über korrekten christlichen Glauben (wie wir das heute wohl tun würden, wenn wir über eine „Lehre" aufklären möchten), sondern beschreibt ebenfalls, wie die drei anderen, einfach Jesus: sein Reden, sein Handeln, sein Wesen, seine Wirkung auf die Umwelt und sein Ergehen. Denn die Person Jesus ist die Lehre und die Lehre ist die Person Jesus! Das entspricht dem Selbstanspruch Jesu, der von sich selbst sagt: *„Ich bin der Weg und die Wahrheit und das Leben!"* (Johannes 14,6).

Grundsätzlich ist also davon auszugehen, dass es allen vier Schriftstellern nicht in erster Linie darum ging, Jesus Leben biographisch und in korrekter zeitlicher Reihenfolge zu schildern, sondern es ging ihnen vielmehr darum, seine Persönlichkeit darzustellen: Wer war er wirklich, und was war das Besondere seiner Person sowie seiner Botschaft?

Ausgehend von dieser Intension des Schreibens, diesem Ziel der Darstellung Jesu, ist es durchaus verständlich, dass man für die Beschreibung der Persönlichkeit Jesus seine Geburt durchaus auch vernachlässigen könnte. Es würde dann auch ausreichen, ihn erst ab dem Zeitpunkt zu beschreiben, als er als Erwachsener seine spezielle Berufung zu leben begann. Genau das haben sich Markus und Johannes offensichtlich erlaubt und deshalb keine eigene „Weihnachtsgeschichte" an den Anfang ihrer Werke gestellt.

Andererseits tun wir gut daran, beim Lesen der Weihnachtsgeschichten von Matthäus oder von Lukas stets im Hinterkopf zu behalten, dass sie durch ihre Schilderungen beabsichtigen, uns die Person Jesu darzustellen. Auch in ihren Geburtsschilderungen über Jesus. Diese sollen den Lesern gleich zu Beginn erste Hinweise auf Art, Charakter und Typik Jesu vermitteln.

***

Eine weitere Frage sollte vorab ebenfalls geklärt werden, um die Weihnachtsgeschichten von Matthäus und Lukas richtig einordnen zu können: Warum eigentlich schildern beide ihre jeweilige Version der Geburtsgeschichte so ausführlich? Sie erzählen uns ja nicht nur von Marias Niederkunft als solcher, sondern gehen teilweise recht detailliert auch noch auf verschiedene Begleitumstände und Ereignisse im Umfeld dieser Geburt ein. Deshalb umfassen die Weihnachterzählungen bei Matthäus immerhin 32 Verse, diejenigen von Lukas sogar 72 Verse, wenn man seine Schilderung von der „Darstellung" (der mosaisch gebotenen Erstgeburtsweihe) Jesu im Tempel von Jerusalem, die wenige Wochen nach seiner Geburt stattfand, mit dazurechnet. Hätte es nicht auch ausgereicht, die beiden Geburtsschilderung ganz knapp zu halten, vielleicht etwa so: *„Jesus wurde als erstgeborener Sohn des Zimmermanns Josef und seiner Frau Maria in Bethlehem geboren und wuchs in Nazareth auf, wobei Jesu biographischer*

Vater nicht wirklich Josef war, sondern er wurde durch ein Wunder, nämlich durch Gottes Heiligen Geist, direkt in Maria gezeugt.“

Hätte das nicht auch ausgereicht? Warum stattdessen die ausführlichen Weihnachtsdarstellungen von Matthäus und von Lukas?

Der Erklärungsversuch, dass es damals eben orientalische Sitte war, Erzählungen ausführlich zu gestalten, Situationen mit Details „blumig“ auszuschmücken und sich dies natürlich auch im damaligen literarischen Stil der jüdischen Kultur wiederfinde, gilt hier nicht. Wir finden diese orientalische Erzählweise tatsächlich in einem der vier Evangelien, nämlich bei dem von Johannes. Aber genau in dessen Evangelium fehlt ja eine Weihnachtsgeschichte, und die beiden „Weihnachtsberichter“ Lukas und Matthäus haben beide keinen jüdisch-orientalischen Erzählstil.

Nein, die maßgeblichen Gründe für die relativ ausführlichen Geburts-schilderungen durch Matthäus und Lukas dürften wohl diese beiden sein: Zum einen wollen Sie mit ihren Weihnachtserzählungen gleich zu Beginn einen ersten Eindruck vermitteln, was für eine außergewöhnliche Person sie in ihrem Evangelium schildern werden. Sie legen damit – wie bereits ein-gangs erwähnt - eine erste Spur, die dem Leser die Richtung anzeigt, in die sich ihre „Biographie“ über Jesus entwickeln wird. Deshalb weisen beide in ihrer jeweiligen Version der Weihnachtsgeschichte immer wieder unüber-sehbar darauf hin, dass schon bei der Geburt Jesus mehrfach Außerge-wöhnliches vorgefallen war. Dadurch vermitteln sie dem Leser von Anfang an, dass es sich bei Jesus eben um eine „außergewöhnliche“ Person handelt und dass in seinem Umfeld immer wieder mit „Außergewöhnlichem“ gerechnet werden muss.

Zum anderen steckt mit Sicherheit auch ein theologisch-geistliches Motiv hinter den Weihnachtserzählungen. Das Ziel der beiden Autoren ist ja nicht nur, uns Jesus vorzustellen und von ihm zu berichten, sondern ihr litera-risches Werk soll gleichzeitig auch Glauben an Jesus als den Sohn Gottes wecken, und zwar auf Basis von gesichertem Wissen über den christlichen

Glauben (eben gemäß Lukas dem „*sicheren Grund der Lehre*"). Die jeweiligen Weihnachtserzählungen sind bereits Bestandteil dieser Intension, sie wollen uns also gleich zu Beginn schon theologisch-geistliche Botschaften vermitteln.

Genau dem gilt es nachzuspüren, wenn man die beiden Geburtsgeschichten Jesu von Matthäus und von Lukas betrachtet! Denn erst damit hat man die passenden Voraussetzungen, um diese Schilderungen richtig einzuordnen; nur aus von dieser Verstandesgrundlage heraus kann man die wahre Bedeutung von Weihnachten entdecken!

***

Nun gibt es in den beiden Weihnachtsschilderungen von Matthäus und Lukas einen sehr augenfälligen Unterschied. Leider wird dieser in der Regel kaum erkannt, geschweige denn bewusst zur Kenntnis genommen. Stattdessen haben wir uns angewöhnt, beide Geschichten zwar inhaltlich zu kennen, sie aber gleichwohl in einen Topf zu werfen und deren Unterschiedlichkeit damit zu verwischen.

So wissen mittelmäßige Bibelkenner gerade noch, dass die zumeist an Weihnachten gelesene Geschichte diejenige aus dem Lukas-Evangelium ist; bei etwas besserer Bibelkenntnis weiß man darüber hinaus auch noch, dass die „Heiligen Drei Könige" inklusive Herodes bei Matthäus zu finden sind, und sehr Bibelbewanderte verorten die kurz nach Jesu Geburt stattgefundene „Darstellung" im Tempel inklusive Simeon und Hanna dann wieder bei Lukas. Dass sich aber die beiden Weihnachtsberichte durch einen jeweils eigenen Blickwinkel auf das Geschehen stark unterscheiden, sollten wir ebenfalls in unser Bewusstsein rücken, um klarer zu verstehen, worauf uns Matthäus oder eben Lukas zu Beginn ihres Jesus-Berichts aufmerksam machen wollen.

Diesen jeweils spezifischen Blickwinkel entdecken wir, wenn wir auf die Stilistik der Erzählungen achten. Denn diese unterscheiden sich in einem Aspekt markant.

Beim Bericht von Matthäus ist charakteristisch, dass er das Weihnachtsgeschehen betont nüchtern und sachlich schildert. Er protokolliert geradezu die Ereignisse.

Und das umfasst auch die Darstellung der beteiligten Personen. Es ist geradezu augenfällig, dass er – im Gegensatz zu Lukas - nirgendwo Bezug auf das persönliche Ergehen von Maria oder von Josef nimmt. Es scheint, wie wenn für ihn die ganzen Zumutungen, die den beiden im Zusammenhang mit der Geburt Jesu widerfahren, keinerlei Relevanz besäßen. Es fehlt in seinen Erzählungen jeder Hinweis darauf, wie es Josef als „Beinahe-Vater" beziehungsweise Maria als ungeplanter Mutter in alledem erging, wie sie die ganzen Schwierigkeiten, den Stress und die Ängste durchlebten und ob sie das menschlich oder vielleicht sogar geistlich einordnen und verarbeiten konnten.

Das erstaunt insofern, da ja die geschilderten Probleme, Unannehmlichkeiten und Gefahren stets einen Personenbezug hatten. All das passierte ja nicht irgendwo im luftleeren Raum, sondern es passierte real lebenden Menschen! In vorliegenden Fall also Maria und Josef. Aber deren persönliche Befindlichkeit oder deren Wertung des ganzen Geschehens scheint für Matthäus uninteressant oder zumindest von vernachlässigbar untergeordneter Bedeutung zu sein.

Und es erstaunt umso mehr, wenn wir bedenken, dass Matthäus zumindest Maria persönlich gekannt haben muss! Denn beide sind ja bereits zu Jesu Erdenzeiten dessen Nachfolger gewesen.

Matthäus, der ehemalige Zöllner Levi, gehörte bekanntlich zu den zwölf auserwählten Jüngern, also zum engsten Zirkel derjenigen, die stets bei Jesus waren. Ob Maria auf Jesu Reisen ebenfalls zur begleitenden Jüngerschar zählte, ist ungewiss. Sie ist aber bei der Hochzeit in Kana anwesend

(Johannes 2,1), besucht zuweilen Jesus auf seiner Wanderschaft (Markus 3,31) und ist auch unter dem Kreuz zugegen (Johannes 19,25). Insbesondere nach seiner Himmelfahrt aber scheint sie dann für längere Zeit mit den Jüngern zusammen gewesen zu sein, denn Lukas berichtet, dass die Jünger *„stets beieinander waren … samt den Frauen und Maria, der Mutter Jesu, und seinen Brüdern"* (Apostelgeschichte 1,14). Matthäus muss Maria also persönlich und somit wohl auch recht gut gekannt haben.

Im Gegensatz dazu ist Lukas der Mutter Jesu möglicherweise nie begegnet. Wir wissen von ihm, dass er zu Lebzeiten Jesu noch nicht zu seinen Nachfolgern gehört hat und Jesus also nicht „live" erlebt hat. Es wäre natürlich möglich, dass er Maria später doch noch als Zeugin Jesu aufgesucht hat, vielleicht sogar im Zusammenhang mit den Recherchearbeiten für sein Evangelium. Aber da wir darüber keinerlei Hinweise finden, weder in seinem Evangelium noch in der ebenfalls von ihm verfassten Apostelgeschichte, darf man vermuten, dass er sie vielleicht nie persönlich getroffen hat.

Matthäus aber hatte mit Sicherheit immer wieder Berührungspunkte mit Maria. Ob sie nun ausdrücklich befreundet waren oder einfach nur als Nachfolger Jesu öfters miteinander zu tun hatten, sei dahingestellt. Jedenfalls muss ihm zumindest schon aufgefallen sein, dass Maria nicht nur die Mutter Jesu, sondern darüber hinaus eine äußerst bemerkenswerte Persönlichkeit war. Dies schildert uns das Neue Testament ja mehrfach, nicht nur im Zusammenhang mit Jesu Geburt. Umso erstaunlicher, dass Matthäus auch sie, genauso wie alle anderen an der Weihnachtsgeschichte beteiligten Personen, so betont sachlich und trocken darstellt. Maria, genauso wie auch Josef, wirken geradezu wie „instrumentalisiert" für die Geburt Jesu; Matthäus stellt ausschließlich den Zweck ihres Daseins in den Fokus und schildert sie nirgendwo als eigenständige Personen; er greift ihr Ergehen, ihre Wertung des ganzen Geschehens oder gar ihr Gefühlsleben an keiner Stelle auf.

Schon die Einleitung in seine Weihnachtsschilderungen gibt diese Linie vor. Völlig nüchtern, geradezu chronikartig, beginnt er seinen Bericht mit: *„Die Geburt Jesu Christi geschah aber so: ...“* (Matthäus 1,18). Und dann bleibt er seinem protokollarischen Stil treu. Er schildert im Folgenden nichts anderes als lauter Fakten und Ereignisse; alle Personen der Weihnachtsgeschichte sind bei ihm reduziert auf agierende beziehungsweise reagierende Darsteller. Weder klagen sie über die dauernden Probleme und Schwierigkeiten – wozu sie, siehe beispielsweise die Psalmen, durchaus ein jüdisch-kulturelles Recht hätten! -, noch wird ihnen eine geistliche Sicht oder Einsicht in das ganze Geschehen attestiert, noch wird über eine Gefühlsregung berichtet oder von einem persönlichen Kommentar erzählt. Nur Fakten und Geschehnisse. Diesem Erzählstil bleibt Matthäus während seiner ganzen Weihnachtserzählung treu. Genauso auch, wenn er dann von den Weisen aus dem Morgenland oder vom Landesfürsten Herodes erzählt. Der Mensch als solcher tritt auch da immer absolut in den Hintergrund.

Macht Matthäus das bewusst? Will er damit auf etwas hinweisen?

Dieser betont nüchterne und sachbetone Schreibstil von Matthäus unterscheidet sich stark von demjenigen von Lukas. Letzterer geht nämlich immer wieder auf Menschen, auf ihre Gefühle, ihre Reaktionen und ihr seelisches Ergehen ein und beschreibt diese. Beispielsweise beim überraschenden Besuch des Ankündigungsengels bei Maria: *„Sie aber erschrak über die Rede und dachte: Welch ein Gruß ist das?“* (Lukas 1,29); oder nach dem Besuch der Hirten: *„Maria aber behielt alle diese Worte und bewegte sie in ihrem Herzen.“* (Lukas 2,19). Nach dem Lobgesang des Simeon berichtet Lukas, dass *„sein Vater und seine Mutter sich wunderten über das, was von ihm* [Jesus] *gesagt wurde.“* (Lukas 2,33); von den Hirten erzählt Lukas außerdem, dass sie Gott nach ihrem Besuch im Stall *„priesen und lobten“* (Lukas 2,20) und das in dieser Nacht Erlebte so weitererzählten, dass sich deren Zuhörer verwunderten: *„Alle, vor dies es kam, wunderten sich über das, was die Hirten gesagt hatten.“* (Lukas 2,18).

Manchmal sind es auch nur einzelne Stichworte oder Redewendungen, mit denen Lukas immer wieder Einblick auf das persönliche Ergehen und Erleben der Protagonisten gibt, etwa wenn er schildert, dass Maria *„eilends"* zu Elisabeth ging (Lukas 1,39) oder dass Elisabeth *„laut rief"* bei ihrem Lobgesang (Lukas 1,42). Auch die Hirten auf dem Feld *„fürchteten sich sehr"* (Lukas 2,9) beim Engelsbesuch, anschließend kamen sie dann *„eilend"* nach Bethlehem (Lukas 2,16). Solche kleinen Zusätze sind für die Logik des Geschehens nicht zwingend notwendig, aber die Personen wirken bei Lukas dadurch lebendig und menschlich; er gibt ihnen, im Gegensatz zu Matthäus, Charakter und Persönlichkeit.

So wundert es auch nicht, dass Lukas uns ziemlich ausführliche Anbetungstexte übermittelt, beispielsweise der zehn Verse lange Lobgesang von Maria während ihrem Besuch bei Elisabeth (Lukas 1,46-55) oder das Gebet des Simeon im Tempel beim Anblick des Heilands (Lukas 2,29-32). Und weil Lukas in seiner Weihnachtsgeschichte die Geburt Jesu mit der Geburt Johannes des Täufers verknüpft, finden wir bei ihm auch noch einen zwölf Verse langen Lobpreis von Zacharias, dem Vater von Johannes (Lukas 1,68-79), sowie mehrere lobpreisende Verse von Elisabeth, der werdenden Mutter des Johannes, über die Schwangerschaft von Maria (Lukas 1,42-45). Und natürlich erstaunt es dann auch nicht mehr, dass es wiederum Lukas ist, der uns auch den vier Verse umfassenden Lobgesang der Engel bei den Hirten auf dem Feld überliefert (Lukas 2,10-12+14).

Bei Matthäus fehlen solche Gebete und Lobgesänge völlig. Wir finden nur an einer einzigen Stelle seiner Weihnachtsgeschichte die Schilderung einer Gefühlsregung, die für das Gesamtverständnis der Weihnachtsgeschichte nicht zwingend notwendig gewesen wäre: Die Weisen aus dem Morgenland *„wurden hoch erfreut"*, als ihr Leitstern sie auf den richtigen Stall in Bethlehem hinwies (Matthäus 2,10). Zwar schildert er außerdem noch zweimal die Gefühle von Herodes: Er *„erschrak"*, als die Weisen sich nach einem neugeborenen König erkundigten (Matthäus 2,3) und als die Weisen verschwanden, ohne ihm eine Rückmeldung zu geben, *„wurde er sehr zornig"*

(Matthäus 2,16); aber diese beiden Hinweise sind für das Verständnis der nachfolgenden Reaktionen vom Herodes unerlässlich.

Hierin also unterscheiden sich die beiden Weihnachtsgeschichten erheblich: Matthäus pflegt einen protokollarischen Stil, Lukas einen menschenbezogenen. Das dürfte insofern nicht erstaunen, als Lukas bekanntlich Arzt ist und deshalb schon rein beruflich eine ganz natürliche Beziehung zu allem Menschlichen hat. Matthäus hingegen hatte sich als ehemaliger Zolleintreiber vorrangig mit Geld und Finanzen beschäftigt, was einen tabellarisch-protokollarischer Schreibstil erfordert. Nur schon durch diese unterschiedlichen beruflichen Prägungen ist einsichtig, warum Matthäus derjenige ist, der streng sachbezogen erzählt; Lukas uns hingegen nicht nur die Tatsache der Geburt Jesu und der begleitenden Umstände schildert, sondern auch persönliches Ergehen, Reaktionen und Kommentare der beteiligten Personen mitliefert.

Aber dieser literarische Unterschied hat durchaus auch noch seine Bedeutung für ein vertieftes Verständnis der jeweiligen Weihnachtsschilderung. Wir werden im Schlusskapitel nochmals darauf zurückkommen.

***

Wie bereits erwähnt, wollen uns die beiden Erzähler der Weihnachtsgeschichte mit ihren Berichten zu Beginn ihrer Evangelien nicht nur vom Eintreffen des göttlichen „Menschensohns" in unsere Welt erzählen, sondern uns gleichzeitig schon einen ersten Eindruck der Außergewöhnlichkeit dieser Person Jesus, die sie uns vorstellen wollen, vermitteln.

Auf welche Spur nun wollen uns in den ersten Kapiteln ihrer Darstellung des Messias bringen? Welchen Blickwinkel wollen sie uns vermitteln, von dem aus wir dann alle folgenden Darstellungen seiner Person betrachten sollen? Was sind die wesentlichen Kernaussagen der Weihnachtsgeschichte, mit denen die jeweilige Schilderung des irdischen Jesus startet?

Wir haben bereits festgestellt, dass bei Matthäus die Menschen absolut in den Hintergrund treten. Dieser spezielle Schreibstil rückt bei seiner Schilderung zwei Faktoren in den Vordergrund: Zum einen die Tatsache der Geburt Jesu inklusive der damit verbundenen problembeladenen Umstände und zum andern die relative Bedeutungslosigkeit der beteiligten Personen.

Mit letzterem soll nicht etwa ausgedrückt werden, dass die beteiligten Personen tatsächlich unbedeutend gewesen wären. Aber durch die literarische Eigenheit der fehlenden Beschreibungen jeglicher menschlichen Züge und Regungen wird dem Leser der matthäischen Weihnachtsgeschichte vermittelt, dass Menschen hier durchaus nicht im Mittelpunkt des Geschehens stehen.

Wenn selbst die direkt betroffenen Eltern Maria und Josef bei Matthäus lediglich die ihnen zugedachte Rolle spielen, verdeutlicht er damit, dass es um wesentlich Größeres als das Ergehen von Menschen geht, wenn der Sohn Gottes in die Welt eintritt! Da muss alles andere, auch Gefühle, Meinungen oder Schicksale dabei beteiligter Menschen, zurücktreten. Matthäus richtet unseren Blick absolut auf das göttliche Geschehen: Gott kommt in Gestalt seines Sohnes mitten hinein in unsere die Welt. Und zwar in eine absolut nicht heile Welt, in eine Welt voller Schwierigkeiten und Not.

In der Tat sind die an Jesu Geburt beteiligten Personen direkt von einer unübersehbaren Anhäufung massiver Probleme, die diese Geburt begleiten, betroffen, und zwar sehr existentiell. Allen voran Maria und Josef, dazu später noch mehr. Aber trotzdem steht nun aber in der Weihnachtserzählung von Matthäus nicht etwa das Leiden dieser von Gott beauftragten und auserwählten Menschen im Vordergrund, sondern allein die Tatsache, dass Jesus kommt!

Das ist auch insofern bemerkenswert, als dass Matthäus sich mit seinem Evangelium an eine jüdische Leserschaft richtet. Immer wieder ist zu erkennen, dass er voraussetzt, dass seine Leser das Alte Testament kennen, denn er zitiert des Öfteren daraus und setzt mehrfach typisch jüdische Ausdrücke oder Gebräuche als bekannt vor.

Wenn er aber weiß, dass seine Leser im Alten Testament heimisch sind, dann weiß er auch, dass seine Leserschaft selbstverständlich davon ausgeht, dass gläubige und insbesondere von Gott speziell berufene Menschen sich im Leiden, in Schwierigkeiten und in Not immer wieder mit Klagen, Bitten und Flehen an Gott wenden können. Zeiten, in denen gottgeweihte Menschen mit Schwierigkeiten zu kämpfen haben und in denen die Widrigkeiten einer gestörten beziehungsweise „gefallenen" Welt in ihr Leben einbrechen, sind im Alten Testament immer Zeiten, in denen Gott sein Leid geklagt wird. Und in denen ihm, dem Schöpfer der Welt, das erlebte Leiden als Ausdruck des gläubigen Vertrauens auch geklagt werden soll!

Das ganze Alte Testament kennt diesen Zusammenhang fast schon in der Ausprägung eines selbstverständlichen Automatismus': Wer als Gläubiger leiden muss, wendet sich in seiner Not an Gott und gibt dieser betend Ausdruck. Nicht nur in den Psalmen wird das mehr als deutlich, es zieht sich wie ein roter Faden durch ziemlich alle Bücher des Alten Testaments.

Und nun kommt also Matthäus und klammert bereits in seiner das Evangelium einleitenden Weihnachtsgeschichte diese „Selbstverständlichkeit" völlig aus, obwohl die Geschichte durchzogen ist von genau solchen Problemen, die normalerweise eine Gottesklage absolut rechtfertigen und die deshalb in einer geistlichen Schrift nach jüdischem Verständnis zu erwarten wären. Dieses fehlende „Sich-in-seiner-Not-an-Gott-wenden" muss dem jüdisch geprägten Leser mit Sicherheit aufgefallen sein, umso mehr es sich bei Maria und Josef ja um gottgläubige Israeliten handelte, was Matthäus betreffend Josef noch ausdrücklich anmerkt (Matthäus 1,19).

Noch auffälliger wird das Fehlen jeglicher Klage der von Not Betroffenen in seiner Weihnachtsgeschichte, wenn derselbe Matthäus am Ende seines Evangeliums als letztes Wort des leidenden Jesus am Kreuz ausgerechnet das *„Eli, Eli, lama asabtani – mein Gott, mein Gott, warum hast Du mich* *verlassen?"* (Matthäus 27,46) überliefert! Matthäus zitiert damit doch ausdrücklich den Leidensschrei eines in Not geratenen Menschen - in bester alttestamentlich-jüdischer Tradition!

Wir kennen aus den anderen Evangelien etliche andere letzte Worte des am Kreuz hängenden Jesus. Aber ausgerechnet Matthäus zitiert – als einziger übrigens! – diesen Klageschrei eines Gottgeweihten! Matthäus ist also durchaus bewusst, dass sich Menschen jüdischen Glaubens in Notsituationen selbstverständlich an Gott wenden! Bei Jesus am Kreuz notiert er genau das, was er am Anfang seines Evangeliums nicht beschreibt. Oder nicht beschreiben will?

Uns als aufgeklärt-rational Denkenden fällt das vielleicht nicht automatisch auf, wir sollten es aber bewusst zur Kenntnis nehmen, dass Matthäus hier einen markanten Bruch im jüdischen Verständnis der Bibel vollzieht.

Und weiter fällt dann auch auf, dass wir genau dasselbe ebenso nicht in der Weihnachtserzählung von Lukas finden! Auch er als griechisch geprägter Autor schildert viel Not und massive Probleme im Zusammenhang mit Weihnachten, aber es findet sich keine einzige Klage der Beteiligten! Auch Lukas verzichtet erstaunlicherweise völlig darauf!

Bei Matthäus erstaunt uns das Fehlen jeglicher Klagen, weil bei einem jüdischen Autor Gottesklagen als Reaktion auf durchlittene Not eigentlich selbstverständlich sind und als Nachweis geistlichen Lebens bei den Betroffenen gelten. Bei Lukas erstaunt dasselbe Fehlen, weil er ansonsten von seinen Protagonisten durchaus Reaktionen, Gefühle und seelisches Ergehen schildert, gerne auch ausführlicher. Aber beide verzichten auf die Schilderung von Klagen.

Das kann kein Zufall sein! Denn dass die Akteure in der Weihnachtsgeschichte durchaus Gründe genug hatten, über Probleme zu klagen, schauen wir uns jetzt näher an.

Probleme

Beide Weihnachtsgeschichten, sowohl die von Matthäus als auch die von Lukas, schildern mehrfach, dass das Eintreffen des Menschensohns in unsere Welt begleitet war von überdurchschnittlich viel Elend und Schwierigkeiten. Probleme zuhauf für Maria, Josef und den kleinen Jesus! So unterschiedlich die beiden Erzählungen sind: Darin sind sie sich überraschend ähnlich. Es passt sowohl nach Lukas wie auch nach Matthäus kaum etwas zusammen bei der Geburt des Menschensohns; laufend gab es Unannehmlichkeiten, Stress und Ungemach.

Was wir jedoch nicht finden – nicht mal in Ansätzen! – ist irgendwelche süßliche Romantik. Unser weihnächtlicher Schwerpunkt, das, was in unserem Kulturkreis jedes Jahr im Vordergrund des Geburtsgedenkens an Jesus steht und worauf wir deshalb fokussiert sind, fehlt in beiden Weihnachtsgeschichten völlig!

Es ist dann natürlich die logische und unausweichliche Folge unserer derzeitigen Weihnachtsinszenierungen, dass wir uns dadurch weitestgehend die Sicht auf das Eigentliche, auf das Wesentliche verstellen!

Deshalb sollten wir uns jetzt diesen augenfälligen Schwerpunkt „Elend und Probleme" bei Matthäus und Lukas einmal genauer anschauen. Wir orientieren uns dabei an den beteiligten Personen: Welche Not, welche Schwierigkeiten begegneten ihnen im Zusammenhang mit der Geburt Jesu?

Starten wir mit Josef, dem „Beinahe-Vater" Jesu.

Er, der eigentlich der Vater von Jesus sein müsste, ist es in Wirklichkeit gar nicht. Und zwar, wie er bestürzt feststellen muss, weil seine Verlobte Maria offensichtlich fremd gegangen sein muss, denn *„es fand sich, ehe er sie heimholte, dass sie schwanger war!"* (Matthäus 1,18). Dass seine Maria vom Heiligen Geist schwanger geworden ist, wusste er erst mal nicht, denn als seine logische und absolut nachvollziehbare Reaktion auf diese unerwartete Erkenntnis schildert uns Matthäus, dass der fromme Josef *„sie nicht in Schande bringen wollte, aber gedachte, sie heimlich zu verlassen."* (Matthäus 1,19).

Gehen wir einmal davon aus, dass sich Josef bis zu diesem Zeitpunkt vermutlich sehr gut vorstellen konnte, nach seiner Verheiratung mit Maria demnächst auch Vater zu werden. Er dürfte sich wahrscheinlich auf Kinder und insbesondere auf ein harmonisches Familienleben durchaus gefreut haben. Da er ein geistlicher, gläubiger Israelit war, wird er sicherlich auch gewusst haben, dass Kinder gemäß Psalm 127,3 eine *„Gabe des Herrn"* und *„Leibesfrucht"* – also Schwangerschaft – *„ein Geschenk"* darstellen. Insofern dürfte er also positiv in die Zukunft mit seiner Verlobten namens Maria geschaut haben. Ob er wohl auch in Maria verliebt gewesen war? Auch das dürfen wir annehmen.

Und jetzt dies. Eine Katastrophe für Josef! So hatte er sich seine Verlobung natürlich nicht vorgestellt! Höchstwahrscheinlich hat er seiner Maria, aus gläubigem Hause stammend, auch keinesfalls einen Seitensprung zugetraut, schon gar nicht bereits schon vor der Hochzeit! Aber mit einem Schlag wird er mit der Tatsache konfrontiert: Seine Maria ist offensichtlich fremdgegangen!

Mit welchen Augen der verliebte und mit Hoffnung erfüllte Bräutigam Josef jetzt plötzlich seine Maria sah und was für ein Gefühlschaos das bei ihm ausgelöst haben muss, mag man sich gar nicht erst vorstellen. Aber dass er an heimliche Flucht aus der Verlobung denkt, lässt ein erhebliches Maß an Betroffenheit und Frustration erkennen und offenbart gleichzeitig auch eine gewisse Ratlosigkeit in dieser überfordernden Situation. Denn sein geplanter heimlicher Ausstieg aus der Verbindung mit Maria hätte ja nicht wirklich eine Lösung des Problems bedeutet, für Maria sowieso nicht und eigentlich auch nicht für ihn. Denn die Verlobung der beiden war sicherlich allerseits bekannt und die Auflösung hätte erst mal Gerüchte generiert, die dann durch die Niederkunft Marias ihre schlimme Bestätigung gefunden hätten. Der Schatten des „unehelichen" Kindes wäre selbstverständlich auf beide, auch auf den ehemaligen Verlobten Josef, gefallen. Oder hätte er zu seinem Selbstschutz etwa behaupten sollen, dass das Kind gar nicht von ihm sei? Hätte man ihm das geglaubt? Hätte das dann die Situation für einen der beiden irgendwie verbessert? Wohl kaum.

Die Situation war also absolut verzwickt; der Plan der „heimlichen Flucht" weist auf Josefs verzweifelte Situation hin und darauf, dass er keine Lösung für diese schwierigen Situation erkennen konnte. Logisch, denn es gab ja de facto auch keine!

Eine außerordentliche Belastung also für den jungen Mann, und zwar nicht nur emotional als „gehörnter" Bräutigam, sondern auch faktisch und rational. Er findet sich plötzlich und völlig unvorbereitet in einem unauflösbaren Dilemma wieder, das dann auch nur durch göttliches Eingreifen gemildert werden kann: Ein Engel erscheint ihm im Traum und teilt ihm betreffend Maria mit, dass *„das, was sie empfangen hat, vom Heiligen Geist ist"* (Matthäus 1,20). Im selben Traum erklärt der Engel Josef auch noch, wer das kleine Kind sei und welchen Namen er ihm geben soll, aber er gibt ihm auch gleichzeitig die klare Anweisung, *„Maria, deine Frau, zu dir zu nehmen"* (Matthäus 1,20). Dies wohl deshalb, weil es durchaus ein starkes Stück ist, was Josef da zugemutet wird, und es eben nach wie vor nicht selbstverständlich ist, dass Josef diese unglaubliche und weltweit einmalige Konstellation, die sozusagen „auf seinem Rücken", um nicht zu sagen „in seinem Ehebett", ausgetragen wird, klaglos akzeptieren und ohne Bedenken mittragen kann!

Die Bibel berichtet uns dann auch betont nüchtern, dass Josef nach diesem Traum *„tat, wie ihm der Engel des Herrn befohlen hatte, und seine*

Frau zu sich nahm. Und er berührte sie nicht, bis sie einen Sohn gebar ...“ (Matthäus 1,25). Das klingt sehr stark nach bloßem Gehorsamsakt. Wahrscheinlich war es auch genau das. Man braucht nicht viel Fantasie, um zu ahnen, dass sich Josef den Beginn seines Liebes- und Ehelebens mit Sicherheit wesentlich romantischer und harmonischer gewünscht hätte!

Zudem ist auch zu vermuten, dass seine Familie und seine Freunde schon damals die neun Monate vor einer Geburt zurückrechnen konnten. Er dürfte mit Sicherheit auch nach Jesu Geburt noch längere Zeit in beständiger Sorge gelebt haben, dass da mal der eine oder andere nachfragen würde und sich vielleicht nächtelang das Hirn zermartert haben, wie er darauf möglichst sinnvoll und einleuchtend antworten könnte. Auf einen Engel hinzuweisen, der ihn schon vor der Geburt über den außergewöhnlichen Zeugungsvorgang dieses Kindes und dessen besondere Bestimmung aufgeklärt habe, dürfte wohl kaum Sinn gemacht haben; dies wäre sicherlich nur als billige Ausrede abgetan worden!

Der Schatten des „vorehelich gezeugten Kindes“ dürfte also selbst nach erfolgter Vermählung mit Maria noch längere Zeit auf der jungen Familie gelegen haben.

Nein, für Josef war die vorweihnachtliche Zeit äußerst problembeladen und alles andere als romantisch! Bei ihm dürfte mit Sicherheit keine Adventsstimmung, wie wir sie heutzutage zelebrieren, aufgekommen sein!

***

Erst recht nicht für Maria. Auch für sie war die Geburt Jesu mehrfach mit belastenden Herausforderungen und Schwierigkeiten verbunden. Alles begann damit, dass sie völlig unerwartet und unvorbereitet Besuch von einem Engel namens Gabriel erhält, der ihr eine bevorstehende Geburt anzukündigen hat.

Wie zu erwarten, ist ein überraschender Engelsbesuch erst mal kein Grund zu Freude und Entspannung, sondern schlicht und ergreifend furchteinflößend. So ist auch Maria zuerst *„erschrocken"* (Lukas 1,29) und muss von Gabriel erst mit *„Fürchte dich nicht, Maria!"* (Lukas 1,30) beruhigt werden. Die nachfolgende Ankündigung einer plötzlichen Schwangerschaft verwirrt Maria dann noch zusätzlich und macht sie ratlos: *„Wie soll das zugehen, da ich doch von keinem Mann weiß?"* (Lukas 1,34).

Dann beugt sie sich allerdings demütig unter den ihr geoffenbarten Willen Gottes und akzeptiert die Botschaft des Engels mit: *„Siehe, ich bin des Herrn Magd; mir geschehe, wie du gesagt hast."* (Lukas 1,38). Allerdings dürfte die Vermutung nicht weit hergeholt sein, dass sie als junges Mädchen – sie war damals, jüdischer Sitte gemäß, mit Sicherheit noch ein Teenager – unter dem Eindruck dieses völlig unerwarteten Engelsbesuchs in Kombination mit seiner unglaublichen Ankündigung kaum in der Lage gewesen sein wird, mit kritischen Rückfragen oder gar mit Einspruch zu reagieren. Wenn man erst mal realisiert, dass einem da leibhaftig ein Engel Gottes gegenübersteht, dürfte sich jegliche Diskussionslust oder kritisches Nachhaken von selbst erübrigen. Maria dürfte die Situation schlicht und ergreifend einfach nur überfordert haben.

Zurückgeblieben sein wird wohl nach diesem Erlebnis auch bei ihr ein ziemliches Maß an Verunsicherung. Beispielsweise wird sie sich sehr schnell die Frage gestellt haben, wie sie das denn jetzt ihrem Verlobten Josef klar machen soll! Wird und kann er das nachvollziehen und verstehen? Und wird er es tolerieren? Was, wenn nicht?

Zwar kam ja dann auch noch zu Josef ein Engel (Matthäus 2,20-23) und klärte ihn über die Hintergründe der Schwangerschaft seiner Verlobten auf. Allerdings erst, nachdem Josef bereits erwog, seine Braut zu verlassen. Bis dahin war die Lage für Maria ziemlich ausweglos; bestimmt hat sie sich das Hirn zermartert, wie sie denn jetzt ihrem Josef diese spezielle Situation erklären könnte. Vielleicht mit *„Hör mal, Josef, wir erwarten ein Kind. Ich weiß, es ist nicht von Dir, aber es ist eben auch von keinem anderen.*

Eigentlich versteh ich es selber nicht so ganz, aber lass es mich mal so erklären ..." oder so ähnlich? Wie viele schlaflose Nächte wird sie über eine passende Formulierung nachgedacht haben? Natürlich absolut erfolglos, denn so etwa kann man nicht „passend formulieren". Aus dem einfachen Grund, weil sich diese einmalige Situation völlig „unpassend" zu jeglichem menschlichen Denken und Verstehen verhält.

Maria wird äußerst dankbar gewesen sein, dass dann endlich auch Josef durch einen Engel aufgeklärt wurde. Das eben Erlebte dürfte aber bei Maria seine Spuren hinterlassen haben: Vor dem Engelsbesuch hatte sie sich bestimmt innerlich bereits auf ihre Rolle als zukünftige Ehefrau und potentielle Mutter vorbereitet und es haben sich (hoffentlich) auch Verliebtheitsgefühle für ihren Verlobten eingestellt. Und dann wurden ihre Zukunftsträume und Mutter-Vorfreuden mit einem Schlag zerstört und durch Tage der Angst, jetzt wohl die Zuneigung ihres Verlobten zu verlieren, abgelöst. Und dies alles völlig ohne ihr Verschulden, denn auf diese Wendung der Dinge hatte sie ja keinerlei Einfluss!

Trotz zusätzlicher Engels-Aufklärung auch für Josef darf durchaus bezweifelt werden, dass das Liebespaar nun unbeschwert und glücklich ihre Hochzeitsvorbereitungen in Angriff nehmen konnte. Zu ungewöhnlich waren diese Begleitumstände allemal! Dass sich Maria anschließend drei Monate lang aus der Beziehung zu Josef „beurlaubt", um eine Verwandte zu besuchen, dürfte ebenfalls auf ihre seelische Belastung hinweisen.

Gleichzeitig wird Maria nämlich nun auch überdurchschnittlich kritisch auf ihren Körper und die beginnende Schwangerschaft geachtet haben. Immerhin soll ja in ihrem Unterleib etwas entstehen, was es in der gesamten Weltgeschichte noch nie gegeben hat! Wie reagiert man als werdende Mutter nach einer derartigen Prognose auf seinen Körper und auf die ersten Symptome einer Schwangerschaft? Zumal Maria ja noch keinerlei Erfahrungen mit einer „normalen" Schwangerschaft hatte, Jesus soll ja ihr Erstgeborener werden ...

Und ziemlich bald wird ihr darüber hinaus auch noch gedämmert haben, dass sie mit dieser ungeplanten - und im Prinzip auch ungewollten, denn man (also Gott) hat sie ja nicht etwa gefragt, sondern vor Tatsachen gestellt – Schwangerschaft auch gesellschaftlich in ganz schwieriges Fahrwasser geraten wird. Nicht nur, dass Familie, Nachbarn und Freunde wohl ziemlich befremdlich, wenn nicht sogar ablehnend und verurteilend, reagieren könnten, sondern sie läuft auch noch Gefahr, öffentlich für diese uneheliche Schwangerschaft bestraft zu werden, im schlimmsten Fall sogar mit dem Tod! Denn die damalige jüdische Rechtsprechung orientierte sich auch betreffend „unehelichem Geschlechtsverkehr" an den Geboten aus den fünf Büchern des Mose, beispielsweise anhand der Anweisungen in 5. Mose 22,20+21: *„Ist's aber die Wahrheit, dass das Mädchen nicht mehr Jungfrau war, so soll man sie heraus vor die Tür des Hauses ihres Vaters führen, und die Leute der Stadt sollen sie zu Tode steinigen, weil sie eine Schandtat in Israel begangen und in ihres Vaters Hause Hurerei getrieben hat; so sollst du das Böse aus deiner Mitte wegtun."* Und gleich danach wird dann noch präzisiert, dass bei einer *„verlobten Jungfrau"* unter Umständen auch gleich noch der ihr *„beiwohnende"* Mann mitgesteinigt werden soll (5. Mose 22,23+24)! Da sie vermutlich auch noch aus dem priesterlichen Stamm Levi stammte (Elisabeth, die Ehefrau des Priesters Zacharias, war ja eine Verwandte), galt für sie zudem 3. Mose 21,9, wonach eine Priestertochter bei Hurerei mit Feuer verbrannt werden soll!

Dass die Befürchtungen Marias betreffend einer drohenden Todesstrafe wegen sexualethischer Verfehlung damals nicht aus der Luft gegriffen waren, zeigt uns anschaulich die Geschichte der „Ehebrecherin" in Johannes 8,1-11. Berechtigte Angst also bei Maria nicht nur vor der Familie und deren Reaktion, sondern auch vor der Öffentlichkeit und der Obrigkeit!

Todesangst!

Man kann kaum erahnen, unter welchem enormen psychischen Druck, unter welcher emotionalen Belastung dieses junge Mädchen nach dem Besuch des Engels erst mal gestanden haben muss!

Vermutlich geht Maria also aufgrund dieser verworrenen und belastenden Situation unmittelbar danach für drei Monate zu ihrer älteren Verwandten Elisabeth, um mit Hilfe der erfahrenen und ebenfalls schwangeren Freundin das Erlebte zu verarbeiten und wieder etwas innere Sicherheit zu gewinnen. Das gelingt ja dann – Gott sei Dank – auch. Sogar so gut, dass sie dank Elisabeths bestätigendem Zuspruch überraschend zu einem überwältigenden Lobgesang auf Gott und seinen Plan mit ihr findet (Lukas 1,46-55).

Aber eine Lust- oder Urlaubsreise dürfte ihr Besuch bei Elisabeth mit Sicherheit nicht gewesen sein. Eher ist zu vermuten, dass sie ihrem geliebten Josef vorerst etwas aus dem Weg gehen musste. Denn es ist schwerlich vorstellbar, dass die Gesprächsthemen unter den beiden Verlobten in dieser Phase ihres gemeinsamen Weges aus erquicklichem Liebesgeplänkel bestanden haben dürften. Ihre Reise zu Elisabeth ist also eher als einen fluchtartigen Rückzug aus der ihr zugemuteten Situation und als ein Abtauchen aus der öffentlichen Wahrnehmung zu werten.

Nach Ablauf der drei Monate bei Elisabeth teilt uns Lukas dann lapidar mit: *„Danach kehrte sie wieder heim."* (Lukas 1,56). Wie schwer auch dieser Gang wieder für Maria gewesen sein muss, lässt sich allerdings erahnen. Denn allmählich wird man ihr die Schwangerschaft angesehen haben. Was wird sie also zu Hause in Nazareth erwarten? Wie werden ihre Familie, ihre Nachbarn und Freunde reagieren? Wie wird sich Josef verhalten? Werden womöglich gar noch die jüdischen Gesetzeslehrer und Moralhüter auf ihren Zustand aufmerksam werden – oder aufmerksam gemacht werden! - und sich melden?

Auch bei Maria: Keinerlei vorweihnächtliche Romantik, sondern lauter existenzielle Probleme; viel Angst und persönliche Not!

***

Kurz vor der Niederkunft, also kurz vor Ur-Weihnachten, herrschte dann auch noch totales Chaos im Lande. Lukas berichtet einleitend zu seiner Erzählung, dass man sich aufgrund einer römisch angeordneten Volkszählung in seinem Heimatort registrieren zu lassen hatte. Folglich *„ging jedermann, dass er sich schätzen ließe, ein jeder in seine Stadt"* (Lukas 2,3), was nichts anderes bedeutete, als dass alle Welt gleichzeitig kreuz und quer durch die Lande zu ziehen hatte.

Die Stimmung im Volk war entsprechend aufgeheizt und kochender Volkszorn allgegenwärtig, es gab sogar mancherorts Aufstände deswegen. Denn erstens kam diese schikanöse Anordnung ja von der verhassten Besatzungsmacht Rom; zweitens waren von einer solchen Volkszählung keinerlei Vorteile zu erwarten, sondern vielmehr eine „Auffrischung" des Steuersystems; und drittens war Reisen damals alles andere als eine beliebte Urlaubsform wie heute, sondern stets beschwerlich und gefährlich.

Es muss also ein unbeschreibliches Durcheinander geherrscht haben, als jedermann gleichzeitig loszuziehen hatte. In dieses Chaos hinein mussten sich nun auch Josef und Maria stürzen, letztere hochschwanger und kurz vor ihrer Niederkunft. Es war schon zu Beginn der Reise abzusehen, dass sie also ihr erstes Kind nicht zu Hause, in heimatlicher Geborgenheit, zur Welt bringen würde, sondern irgendwo unterwegs. Die beiden frisch vermählten Eheleute dürften diese Reise ganz bestimmt nicht als Flitterwochen oder so ähnlich empfunden haben, sondern als das, was es in Wahrheit ja auch war: Eine äußerst beschwerlich umzusetzende Schikane der Besatzungsmacht, deren unvermeidliche Strapazen Mutter und Kind wochenlang in ernste Gefahr brachten und Josef als Verantwortungsträger und „Reiseleiter" zwang, sich mit ziemlich komplexen logistischen Reiseproblemen abzumühen. Man hätte den Beiden wirklich einen geruhsameren Start in ihr gemeinsames Familienleben gewünscht!

Aber nicht nur die Reise war beschwerlich, sondern es kam dann auch, wie zu befürchten war: Als sich der Termin bei Maria ankündigte, war noch nicht mal eine menschenwürdige Unterkunft aufzutreiben, sondern sie musste notbehelfsmäßig in einer Stallung für Tiere entbinden: *„Und sie gebar ihren ersten Sohn und wickelte ihn in Windeln und legte ihn in eine Krippe; denn sie hatten sonst keinen Raum in der Herberge."* (Lukas 2,7), wobei das von Luther mit *„Herberge"* übersetzte griechische Wort nicht zwangsläufig „Hotel" bedeuten muss, sondern ganz allgemein einen „Wohnraum für Menschen" bezeichnet. Wohnlich war's in dem Stall also absolut nicht, denn das bedeutet diese Wortwahl von Lukas, und die inzwischen zu Berühmtheit gelangte *„Krippe"* war tatsächlich nur ein simpler Futtertrog für Tiere und musste notgedrungen zweckentfremdet werden!

So zu entbinden kann man zwar romantisch finden und mag heutigen Öko-Aussteigern als eine hippe Alternative zur Geburt im sterilen Kreißsaal gelten. Allerdings hatte Maria damals keinerlei alternative Geburtsmöglichkeit und im Falle von unerwarteten Komplikationen standen weder Rettungssanitäter noch Krankenhäuser zur Verfügung. Stattdessen dürfte es ziemlich unhygienisch dreckig gewesen sein und nach Tierausdünstungen gestunken haben.

Genau so sollte man sich diese Geburt also vorstellen: Unter erschwerten, menschenunwürdigen Umständen, während einer mühevollen und gefährlichen Reise, mitten im öffentlichen Chaos und im brodelnden Volkszorn.

Das also ist das reale Weihnachten: Nicht genug, dass sowohl Maria wie auch Josef gerade mit ihrer jeweils wohl schwierigsten Lebenskrise zu kämpfen hatten, sondern die äußeren Umstände waren gleichzeitig auch noch völlig chaotisch und gefährlich.

***

Als erste Gratulanten kamen dann Hirten zu dem Neugeborenen. Lukas berichtet ziemlich ausführlich, nämlich dreizehn Verse lang, von ihnen (Lukas 2,8-20).

Es ist allerdings davon auszugehen, dass Josef und Maria diesen Besuch alles andere als romantisch empfanden. Hirten waren zu jener Zeit bekanntlich ziemlich verachtete Menschen, denn sie waren zumeist deshalb Hirten, weil sie zu anderen Tätigkeiten nicht zu gebrauchen waren. Sie gehörten also zu den Ärmsten der Armen; waren in Lumpen gekleidet und stanken in der Regel nach Mist und Lagerfeuer.

Maria und Josef werden sich mit gewissem Recht gefragt haben, ob solche Hirten nun tatsächlich das optimale Empfangskomitee für den Sohn Gottes darstellen! Und es dürfte weniger der Erklärung gedient, sondern eher noch zusätzliche Verwirrung ausgelöst haben, als diese Hirten dem frisch gebackenen Elternpaar auch noch darlegten, dass ein großartiges himmlisches Aufgebot an Engeln ihnen die Geburt feierlich und pompös angekündigt habe. Wie zuverlässig sind Geschichten, welche uns von ungebildeten Hirten erzählt werden? Wie zurechnungsfähig sind simple Tierhüter spätnachts auf dem Felde und wie objektiv können sie danach Erlebtes wiedergeben? Die Geschichte von den Engeln mit himmlischem Singsang könnte doch durchaus auch einer Halbschlaf-Lagerfeuer-Romantiklegende entsprungen oder das Ergebnis weinseligen Umtrunks sein …

Und dann wäre hier auch noch die durchaus berechtigte Frage zu stellen, warum diese Engel ausgerechnet zu irgendwelchen Hirten auf dem Feld - und zwar ausschließlich zu denen! - entsandt worden sind! Hätte es als Adressaten für diese einmalige göttliche Offenbarung in Bethlehem und Umgebung nicht wesentlich geeignetere, würdigere Herrschaften gegeben? Vielleicht theologisch gebildete, geistlich gereifte oder zumindest sozial engagierte Gottesfürchtige? Oder wenigstens weltliche Würdenträger mit einem gewissen Ansehen, die sich dann auch dem Gottessohn gegenüber etwas angemessener präsentieren konnten als diese ungebildeten und armselig-verwahrlosten Hirten?

Und wenn uns Lukas darüber hinaus auch noch zu berichten weiß, dass diese Hirten nach der Begegnung mit dem Jesuskind zu Multiplikatoren der frohen Botschaft wurden: *„Da sie es aber gesehen hatten, breiteten sie das*

Wort aus, welches zu ihnen von diesem Kinde gesagt war." (Lukas 2,17), dann kann man sich erst recht fragen, ob seriösere Mitbürger nicht bessere Zeugen des weihnächtlichen Geschehens abgegeben hätten. Hirten waren verachtet und dürften damals generell im gesellschaftlichen Bewusstsein wohl eher als Klatsch und Tratsch zugeneigt gegolten haben, aber sicher nicht als zuverlässige Berichterstatter, die ernst genommen werden sollten. Sie wurden nämlich in der öffentlichen Wahrnehmung nicht nur als Pöbel und Gesindel betrachtet, sondern waren, genauso wie Zöllner, Räuber und Betrüger, auch nicht als etwaige Zeugen bei Gericht zugelassen und besaßen keine bürgerlichen Rechte.

Dass sich also *„alle, vor die es kam, sich wunderten über das, was ihnen die Hirten gesagt hatten"* (Lukas 2,18), erstaunt nicht, weil eben nicht nur die Botschaft der Engel und das Kind in einem Futtertrog *„verwundern"*, sondern auch die Tatsache, dass offenbar ausschließlich ein paar unbedeutende Hirten davon zu erzählen wussten und nachweislich niemand sonst in dieser Nacht von Bethlehem etwas Besonderes erlebt oder gesehen hatte.

Die Hirten ihrerseits fanden übrigens den überraschenden Auftritt der Engel mitten in der Nacht ebenfalls alles andere als toll, sondern erstmal furchterregend! Wie zuvor auch schon Maria!

Gemäß Lukas 2,9 fürchteten sie sich zu Beginn so sehr, dass der zuerst erscheinende Engel sie erst mal mit *„Fürchtet euch nicht!"* (Lukas 2,10) beruhigen musste, ehe er ihnen seine Botschaft verkündigen konnte. Dieses *„Fürchtet euch nicht!"* ist leider in unserem Bewusstsein aufgrund jahrzehntelang gepflegter Weihnachtstraditionen inzwischen zu einer Art *„Opener zum nachfolgenden Jubelgesang"* mutiert und geht in der Textversion *„Fürchtet euch nicht, denn euch ist heute der Heiland geboren!"* als Ausdruck des Erschreckens völlig unter. Zu Unrecht, denn nach der Bibel wird von Gottes Seite aus ein *„Fürchtet euch nicht!"* stets dann verkündet, wenn Menschen sich tatsächlich fürchten, und zumeist auch in Situationen, bei denen Furcht durchaus angebracht ist!

Die Hirten fürchteten sich zu Recht!

Übrigens sind auch die Schäfchen, die diese Hirten gehütet haben sollen, also die süßen Wollknäuelchen, die sich alljährlich so schmuseweich und lieblich rund um unsere Weihnachtskrippen-Figuren tummeln, alles andere als historisch gesichert. Schafe werden in der Weihnachtsgeschichte nach Lukas nämlich nirgends erwähnt, sondern es wird einfach mal vermutet, dass diese Hirten Schafe und nicht etwa andere Tiere, zum Beispiel Ziegen oder Kühe oder vielleicht sogar Schweine, die den Juden bekanntlich als „unrein" galten, gehütet haben. Die Annahme, es könnten vielleicht Schafe gewesen sein, entstand höchstwahrscheinlich auf theologischem Hintergrund: Wenn Jesus sich später gemäß Johannes 10 ausführlich als *Hirte* darstellen wird, dann werden die Menschen von ihm jeweils gleichnishaft als *Schafe* bezeichnet. Vermutlich knüpfte Jesus dabei an den alttestamentlichen Psalm 80,2 sowie an Hesekiel 34, an, wo wir das Bild mit dem Hirten und seinen Schafen jeweils ebenfalls finden, in Hesekiel 34,23 sogar als messianische Prophezeiung auf ihn selbst bezogen.

Lukas jedoch lässt offen, welche Tiere diese Hirten betreuten. Warum eigentlich? Er dürfte bei der Abfassung seines Berichts von der gleichnishaften Bedeutung von Schafen gewusst haben, denn Jesus hatte sich bis dahin doch längst als *Hirten der Schafe* geoffenbart und zumindest seine jüdischen Leser hätten mit ziemlicher Sicherheit nicht nur Psalm 23, sondern auch Psalm 80 und den Hesekiel-Vergleich gekannt. Außerdem berichtet Lukas einige Kapitel später sogar selbst davon, dass Jesus derjenige ist, der 99 Schafe zurücklässt, um sich um das eine verirrte Schaf zu kümmern (Lukas 15,1-7).

Warum also zieht er diese Parallele „Hirte - Schafe" nicht? Waren dort an Jesu Krippe in Wirklichkeit Schweinehirten, und Lukas war es zu peinlich, dies zu vermerken? Das wäre die naheliegendste Erklärung.

Die süßen Schäfchen, die bei uns unabdingbar zur Weihnachtsromantik und zum rührseligen Hingucker jeden Krippenspiels gehören, stehen jedenfalls auf durchaus wackeligen Füßchen.

***

Matthäus berichtet uns dann auch noch von einer weiteren dubiosen Besuchergruppe beim neugeborenen Jesus im Stall von Bethlehem. Aus der Hauptstadt Jerusalem, dem nahegelegenen religiösen Zentrum, kam überraschenderweise niemand; aber es kamen einige „Weise", weit hergereist aus dem fernen Osten, vermutlich aus Persien.

Bei diesen Weisen handelte es sich bekanntlich weniger um *„Drei heilige Könige"*, wie sie unsere Weihnachtstradition immer wieder betitelt, sondern um reichlich zwielichtige *„Magier"* (so die wörtliche Übersetzung) und Sterndeuter, also Astrologen. Diese Besucher waren zwar reich und besaßen Ansehen, waren aber mit Sicherheit alles andere als geistlich oder sogar gottesfürchtig im jüdischen Sinne, sondern vielmehr eine Art „Pseudowissenschaftler" und irgendwelchem orientalischem Aberglauben zugeneigt. Außerdem waren es möglicherweise auch nicht genau drei solche Magier, die Jesus ihre Referenz erwiesen. Diese Anzahl wird abgeleitet aus den drei Geschenken, die sie nach Matthäus 2,11 zu Händen des neugeborenen Königs den überraschten Eltern überreichen: Gold, Weihrauch und Myrrhe.

Weil diese Persönlichkeiten wohl kaum ohne Dienerschaft und sichernde Soldaten gereist sein dürften, kam nun also eine ganze Truppe nach Bethlehem. Sie fanden, nach einem kurzen Umweg über Jerusalem, aufgrund eines Sternes oder vielleicht auch einer besonderen Sternenkonstellation zum Geburtsort Jesu: *„Der Stern, den sie hatten aufgehen sehen, ging vor ihnen her, bis er über dem Ort stand, wo das Kindlein war"* (Matthäus 2,9). Sie kamen folglich entsprechend ihrer eigenen „Weisheit" absolut stilgerecht: Geleitet durch sternenbasierenden Aberglauben!

Wir würden sie heute wohl als *„schräge Vögel"* titulieren, aber eigentlich ist solche *„Zeichendeuterei"* nach 5. Mose 18,11+12 ein *„Gräuel"* für Gott und sollte nach 3. Mose 20,6 *„ausgerottet"* werden. Also erneut nicht wirklich passende Repräsentanten eines würdigen Empfangskomitees, wie es dem leibhaftigen Sohn Gottes angemessen gewesen wäre.

Aber sie brachten erstaunliche Geschenke mit! Wir haben daraus natürlich in frommster Absicht drei Geschenke hineininterpretiert, die einem König durchaus anstehen. Gold ist ein Wert an sich, und Weihrauch sowie Myrrhe sind zwei aus Harz gewonnene Duftstoffe aus dem Orient bzw. dem nördlichen Afrika, die damals sehr wertvoll waren.

Somit wären das zwar durchaus logische Geschenke für wohlhabende Gratulanten, die einen neugeborenen König willkommen heißen. Aber abgesehen von dieser Logik sind sie leider bei König Jesus ein krasser Missgriff, denn geistlich gesehen passen sie absolut nicht zu diesem speziellen Königskind. Jesu Haltung zu Geld, zu Gold und zu Reichtum ganz allgemein hat er später sattsam und unmissverständlich kundgetan (Stichwort *„Mammon"*!), und er ist auch der völlig unpassende Adressat für Weihrauch (Jesus zu Ehren räuchern???) oder für ein kostbares Salböl wie Myrrhe. Salböl hat er zwar an seinem eigenen Körper mehrmals geduldet, beispielsweise bei der *„Sünderin"* in Lukas 7 beziehungsweise bei Maria in Johannes 12. Weil aber bei den Frauen diese Salbungen Ausdruck ihrer Wertschätzung Jesu gegenüber darstellen, konnte Jesus das ausnahmsweise so stehen lassen; ansonsten jedoch war Jesus sein ganzes irdisches Leben lang niemals ein „König", der auf Salben und wohlriechende Öle Wert gelegt hätte. Dazu passte nur schon sein Lebensstil absolut nicht!

Des Weiteren ist dabei auch erstaunlich, dass Matthäus diese drei kostbaren Geschenke namentlich aufzählt! Denn wenn sie wirklich Königsgeschenke darstellen und uns auf die Königswürde Jesu hinweisen sollen, wie wir das heutzutage auslegerisch deuten (und die er natürlich durchaus verdient hätte!), dann ist Matthäus durchaus der Falsche für diesen Hinweis! Denn in seinem Evangelium berichtet uns ja gerade er ganz dezidiert, dass Jesus zwar der Messias sei, aber eben nicht in der Ausprägung eines Königs, wie ihn jedermann, und schon gar nicht die theologische Elite damals, erwartet hatte. Die Abweisung des politischen Königsgedankens ist geradezu charakteristisch für sein Evangelium. Warum also führt Matthäus uns auf diese falsche Spur? Er hätte ja auch ganz allgemein *„Geschenke"* erwähnen können. Warum aber weist er ausdrücklich auf diese typisch weltlichen Königsgeschenke von hohem Wert hin?

Es wäre hier – entgegen unserer durchgehend etablierten Auslegungsgewohnheit - gut vorstellbar, dass Matthäus dadurch eben gerade nicht auf den „König" Jesus hinweisen wollte, sondern dass er durch die namentliche Aufzählung dieser unpassenden Geschenke schon hier demonstrativ darauf hinweisen wollte, dass dieser Jesus gleich von Anfang an völlig missverstanden wurde!

Das würde bedeuten, dass bereits bei seiner Geburt also dubiose Zeichendeuter ihm ihre Referenz mit einem glatten Missgriff in die Geschenkekiste erweisen! Wir hingegen haben diese anstößigen Gestalten inzwischen zu edlen Königsfiguren umstilisiert, die sich, aus dem gleichen Holz geschnitzt wie Maria, Josef und die Hirten, harmonisch in unsere geliebten Krippenszenen einfügen, die wir jeden Advent zur beschaulichen Besinnung aufbauen. Eine derart haarsträubende Uminterpretation dürfte bestimmt nicht im Sinne von Matthäus sein!

Wohlwollend könnte man allerdings hier noch vermerken, dass sich Gott vielleicht etwas bei dieser unpassenden Schenkerei gedacht hat. Es wäre vorstellbar, dass er diese Gratulanten höchstpersönlich zu diesen hochwertigen Gaben animiert hatte, denn dadurch erhielten Maria und Josef jetzt unverhofft die notwendigen finanziellen Mittel für die ungeplant bevorstehende Flucht nach Ägypten. Denn Josef konnte eine solch weite Reise mit Sicherheit nicht einfach mal so locker „aus der Tasche" bezahlen; schon die bisherige erzwungene Herumreiserei bedeutete nämlich Verdienstausfall für ihn als Zimmermann und das Elternpaar musste folglich bestimmt äußerst sorgsam haushalten. Deshalb konnten sie anschließend bei der „Darbringung Jesu" im Tempel von Jerusalem (Lukas 2,24) auch kein Schaf, wie es sich für wohlhabende Israeliten geziemt hätte, sondern lediglich eine Taube als Brandopfer (vgl. 3. Mose 12,8) darbringen. Dank Gold und wertvollen Ölen wie Weihrauch und Myrrhe war das „Unternehmen Ägypten" aber dann finanzierbar.

Gott war sich ja auch nicht zu schade, diese heidnisch gepolten „Wissenschaftler" nicht nur mit Sternenhilfe (!) zu seinem Sohn Jesus zu entsenden, sondern er sprach auch noch höchstselbst zu ihnen: *„Und da ihnen im Traum von Gott befohlen wurde, nicht wieder zu Herodes zurückzukehren, zogen sie auf einem anderen Weg wieder in ihr Land."* (Matthäus 2,12).

Erstaunlich, wozu sich Gott herablässt!

***

Bekanntlich haben diese Magier bei ihrer Anreise noch einen Abstecher nach Jerusalem gemacht. Dieser Umweg löste leider noch zusätzlich eine ganze Reihe von unliebsamen Überraschungen aus: Den Landesfürsten Herodes, bei dem sich die drei nach dem genauen Geburtsort des *„neugeborenen Königs der Juden"* (Matthäus 2,2) erkundeten, verleitete die Botschaft von Jesu Geburt erst mal zu einem verlogenen Winkelzug, der dem neugeborenen Jesus äußerst bedrohlich wurde. Er behauptete nämlich den orientalischen Reisenden gegenüber, dem neuen König ebenfalls seine Referenz erweisen zu wollen: *„Zieht hin und forscht fleißig nach dem Kindlein; und wenn ihr's findet, so sagt mir's wieder, dass auch ich komme und es anbete!"* (Matthäus 2,8). In Wirklichkeit wollte Herodes jedoch, wie sich danach herausstellte, das als Konkurrent eingestufte Königskind schnellstmöglich beseitigen.

Pikant ist dabei, dass Herodes offensichtlich die Geburt Jesu gar nicht auf dem Schirm hatte. Wenn nicht der hohe Besuch aus dem Osten überraschend bei ihm aufgekreuzt wäre, um sich nach einem neugeborenen Königskind zu erkundigen, hätte er von der Geburt Jesu nichts mitbekommen. Denn er musste sich daraufhin über den angekündigten König erst kundig machen: *„Als das der König Herodes hörte, erschrak er und mit ihm ganz Jerusalem, und er ließ zusammenkommen alle Hohenpriester und Schriftgelehrten des Volkes und erforschte von ihnen, wo der Christus geboren werden sollte."* (Matthäus 2,3+4). Offensichtlich war er auch nicht bibelfest genug, um dem Geburtsort des neuen Königs zu kennen, wie ihn der alttestamentliche Prophet Micha vorhergesagt hatte: *„Und du, Bethlehem im jüdischen Lande, ... aus dir wird kommen der Fürst, der mein Volk Israel weiden soll!"* (Matthäus 2,6 nach Micha 5,1); dies musste er erst von seinen Schriftgelehrten erfragen.

Ein Erfolg des hinterlistigen und mordbereiten Regenten konnte dann, wie bereits geschildert, nur durch direktes Eingreifen Gottes verhindert werden: Die Weisen befolgten die göttliche Anweisung, die sie im Traum erhalten hatten, und gaben dem Tyrannen Herodes nicht wie gewünscht eine Rückmeldung, sondern reisten ohne Umweg über Jerusalem direkt zurück nach Hause.

Daraufhin griff Herodes jedoch zu absolut drastischen Mitteln: Er fühlte sich von den Weisen *„betrogen"*, wurde *„sehr zornig"* und *„schickte aus und ließ alle Knaben in Bethlehem töten und in der ganzen Gegend, die zweijährig und darunter waren, nach der Zeit, die er von den Weisen genau erkundet hatte."* (Matthäus 2,16). Diese angeordnete Ermordung aller Babys eines ganzen Landstrichs, dieses brutale und blutige Gemetzel, brachte für sehr viele junge Familien unglaubliches Leid, und dies vermutlich auch noch, ohne dass sie verstanden, warum!

Auch in diesen Familien herrschte also mit Sicherheit alles andere als eine „weihnächtliche Stimmung"!

52

***

Dieser Kindsmordwelle konnten sich Josef und Maria nur durch über-
stürzte Flucht nach Ägypten entziehen, berichtet uns Matthäus. Gott selbst
offenbarte Josef den brutalen Plan des tyrannischen Herrschers: *„Da
erschien der Engel des Herrn dem Josef im Traum und sprach: Steh auf,
nimm das Kindlein und seine Mutter mit dir und flieh nach Ägypten und
bleib dort, bis ich dir's sage; denn Herodes hat vor, das Kindlein zu suchen,
um es umzubringen!"* (Matthäus 2,13). Folglich konnte die junge Familie
nach der strapaziösen Reise nach Bethlehem und den problematischen
Geburtsumständen nun nicht etwa endlich in Frieden nach Hause zurückkehren, sondern mussten sich erneut und diesmal auch noch überstürzt und
unvorbereitet auf eine weitere beschwerliche und gefährliche Reise in ein
ihnen unbekanntes und weit entferntes Land aufmachen. Außerdem reisten
sie diesmal auch noch unter dem psychischen Druck drohender Lebensgefahr!

Es drängen sich hier Vergleiche mit manchem Flüchtlingselend, beispielsweise während der Weltkriege, auf. Wie kann man einer jungen Ehe
einen solchen Start zumuten! Es verbietet sich geradezu, in diesem Zusammenhang auch nur den leisesten Gedanken an irgendeine „romantische
Weihnacht" aufkommen zu lassen!

In Ägypten, in der Fremde, mussten sie dann für längere Zeit ausharren.
Es begann jetzt eine Zeit des ungewissen Wartens; mehrere Jahre lang
mussten sie in der Ungewissheit leben, wie es denn nun weitergehen soll, ob
und wann man jemals wieder zurückkehren konnte.

Endlich erreichte sie die Kunde vom Tod des Tyrannen, und zwar erneut
durch einen Engel. Dieser teilte Josef in einem Traum mit, dass sie nun
zurückkehren konnten: *„Steh auf, nimm das Kindlein und seine Mutter mit
dir und zieh hin in das Land Israel; sie sind gestorben, die dem Kindlein*

nach dem Leben getrachtet haben." (Matthäus 2,20). Daraufhin machte sich die junge Familie wieder auf den Rückweg, aber erneut gab es Probleme: Sie konnten nicht dahin reisen, wohin sie eigentlich wollten, zu gefährlich schätzte Josef die Lage ein: *„Als Josef aber hörte, dass Archelaus in Judäa König war anstatt seines Vaters Herodes, fürchtete er sich, dorthin zu gehen.*" (Matthäus 2,22). Gott seinerseits beurteilte offenbar die Lage genauso: *„Im Traum empfing Josef Befehl von Gott und zog ins galiläische Land und kam und wohnte in einer Stadt mit Namen Nazareth.*" (Matthäus 2,22+23).

Auch die Rückkehr war also wieder mit Schwierigkeiten behaftet. Erst als sie schlussendlich in Nazareth ankamen und sich dort niederlassen konnten, kam die Familie vermutlich einigermaßen zur Ruhe – erst etliche Jahre nach dem eigentlichen „Weihnachten"!

***

Betrachtet man also die Weihnachtsgeschichten von Lukas und von Matthäus unvoreingenommen, so begegnen uns beide durchs Band weg alles andere als „besinnlich" oder „romantisch".

Bei Josef löst die Entdeckung der Schwangerschaft seiner Verlobten panikartige Fluchtgedanken aus. Auch nach Klarstellung durch einen Engel im Traum verbleibt für ihn die Erklärungsproblematik eines in der öffentlichen Wahrnehmung „unehelichen" Kindes.

Maria ist sichtlich erst mal überfordert durch einen überraschenden und furchteinflößender Engelsbesuch, gefolgt von ziemlicher Ratlosigkeit und der fast unlösbaren Aufgaben, ihren Zustand nun ihrem Josef erklären zu müssen. Hinzu kommt noch die Angst vor Bestrafung im Falle eines Bekanntwerdens ihrer unzeitigen Schwangerschaft.

Dann werden die jungvermählten Eheleute auch noch auf eine gefährliche Reise inmitten eines Landes im Aufruhr geschickt. Die Geburt ihres ersten Kindes findet dann unter erschwerten Umständen an einem menschenunwürdigen Ort statt mit anschließendem Besuch ziemlich fragwürdiger Gestalten, gefolgt von einer Flucht in ein fernes und fremdes Land unter Todesgefahr für ihr Neugeborenes. Von dort können sie erst nach Jahren zurückkehren, aber auch dies wieder nicht so, wie sie es sich gewünscht hätten.

Das ist, kurz zusammengefasst, die wesentliche und augenfällige Charakteristik des Weihnachtsgeschehens. Nichts als Chaos, Probleme, Stress und Lebensgefahr, irgendetwas wie Romantik ist weit und breit nicht erkennbar. Es ist der übereinstimmende Schwerpunkt, den beide Erzählungen, sowohl diejenige von Lukas wie auch diejenige von Matthäus, über die Geburt Jesu setzen.

Es macht dabei durchaus den Anschein, wie wenn die Schilderung derart vieler massiver Problemen nicht einfach beiläufig erfolgt wäre, sondern durchaus von den beiden Autoren auch in dieser Anhäufung beabsichtig ist. Womit wir also davon ausgehen sollten, dass Matthäus wie auch Lukas zu Beginn ihres Berichts über Jesus ausdrücklich darauf aufmerksam machen wollten: Die Ankunft des Sohnes Gottes in unserer Welt war überaus problembehaftet!

***

Nun wissen wir natürlich, dass manche Schwierigkeiten wie etwa die Volkszählung, die damit zusammenhängende beschwerliche Herumreiserei und das deshalb überfüllte Dorf Bethlehem nicht von ungefähr kommen, sondern typische Merkmale der „gefallenen Welt" sind. Jeder geistlich denkende Mensch weiß, dass solche Zustände nicht einfach „Schicksal" oder „Zufall" sind, sondern dass eine römische Besetzung Palästinas vollzogenes Unrecht an der dort lebenden Bevölkerung darstellt und die Volkszählung vermutlich nicht nur despotische Schikane war, sondern aus schlichter

Geldgier erzwungen wurde. Das ist offensichtliche Ausübung von Macht und Unterdrückung und somit Folgen von sündigem Denken und Verhalten von Menschen.

Dass Jesus mitten hinein kommt in solch sündengebeutelte Situationen, ist nicht wirklich erstaunlich. Er kommt ja wegen der Sünden in die Welt, und dass er nun sofort und von Anfang an auch auf eine von sündhaftem Verhalten geprägte Welt trifft, ist nur folgerichtig.

Das wirklich Erstaunliche ist jedoch, dass uns sowohl Lukas wie auch Matthäus unverblümt erzählen, dass darüber hinaus ein großer Teil der Probleme nicht etwa bereits vorhanden waren, sondern dass diese ausdrücklich durch die Ankunft des Messias erst verursacht wurden!

Jesu Kommen vergrößert offensichtlich das bereits vorhandene Elend und schafft weitere Schwierigkeiten: Die außereheliche Schwangerschaft von Maria belastet nicht nur die Seele von Maria, sondern auch die junge, hoffnungsfrohe Verlobungsverbindung und verschafft den beiden obendrein noch einen zweifelhaften Ruf in der Öffentlichkeit; der Kindermord des Herodes bringt nicht nur Verzweiflung und Elend in viele junge Familien, sondern zwingt die Eltern von Jesus zur langen und gefährlichen Flucht nach Ägypten. Das wäre alles nicht passiert ohne Jesu Kommen in diese Welt!

Warum das?

Das kann, geistlich betrachtet, eigentlich nur damit zusammenhängen, dass der Teufel als Gottes Gegenspieler selbstverständlich alle Hebel in Bewegung setzt, damit das Konzept Gottes zur Rettung der Menschen schon in seinen Anfängen scheitert!

Uns ist natürlich bewusst, dass Gott sämtliche Not und alle Schwierigkeiten hätte verhindern können. Gott hätte nicht zulassen müssen, dass die Geburt seines Sohnes solch schlimme Begleiterscheinungen wie seelische Belastungen, Mord und Flucht auslöst. Die bereits vorhandenen Probleme hätten allemal ausgereicht, um zu verdeutlichen, dass Jesus mitten in eine „gefallene Welt" hineinkommt!

Andererseits wissen wir aber auch, dass Gott dem Teufel als seinem Gegenspieler in der noch herrschenden Heilsepoche oft überraschend viel Spielraum zugesteht. Jedem Bibelkenner ist das natürlich bewusst. Hiob beispielsweise lässt grüßen!

Der Teufel also will verhindern, dass Gottes Sohn in der Welt Fuß fassen und seinen Erlösungsplan ausführen kann. Dazu fährt er schweres Kaliber auf wie eben beispielsweise den schrecklichen vielfachen Kindesmord, zu dem er Herodes anstiftet. Jesus soll nicht zu den Menschen kommen, auf gar keinen Fall!

Damit der göttliche Plan aber trotzdem gelingen kann, muss Gott mehrfach direkt aus dem Himmel eingreifen! Nimmt man die Erzählungen von Matthäus und Lukas zusammen, so entdecken wir, dass Gott mindestens sieben Mal (!) durch Engel oder Träume direkt von oben her eingreifen musste, um Jesu Ersterscheinung in dieser Welt zu sichern! (Lukas 1,26 und 2,9+13 sowie Matthäus 1, 20 und 2,12+13+19+22). Die Weihnachtsgeschichten zeigen uns also unmissverständlich, dass Jesu Erscheinen in der Welt von einem harten Kampf hinter den Kulissen, in der geistlichen Welt, begleitet wurde. Es wurde zäh gerungen um Jesu Geburt!

Natürlich könnte man sich hier fragen: Warum hat Gott denn all diese Probleme zugelassen? Hätte er die Ankunft seines Sohnes nicht schon zum Vornherein „problemfreier" vorbereiten können, so dass er anschließend nicht laufend einzugreifen braucht? Auch hierzu ließe sich natürlich wieder die sattsam bekannte Frage *„Warum lässt Gott das zu?"* treffend stellen!

Aber mal abgesehen davon, dass wir Gottes Wege nicht immer verstehen können und die *„Warum?"*-Frage in letzter Konsequenz immer genau daran scheitern wird, so kann man hier zumindest doch vermuten, dass Gott all das Elend und all die Schwierigkeiten zugelassen hat, weil er damit etwas zeigen wollte! Wir sollten auch hier davon ausgehen, dass ein Plan Gottes dahintersteckt und dass diese Anhäufung von Problemen also auch aus Gottes Blickwinkel gesehen nicht einfach „Zufall" oder „Schicksal" ist. Schwer vorstellbar, dass Gott die Geburt seines Sohnes nicht planen, sondern irgendwelchen Zufällen überlassen könnte!

Wir sollten also davon ausgehen, dass uns Gott damit etwas mitteilen möchte. Und er hat wohl Matthäus sowie Lukas das alles in dieser Ausführlichkeit aufschreiben lassen, um uns zweitausend Jahre lang auf etwas hinzuweisen! Wenn die Anhäufung der Probleme schon nicht „Zufall" war, dann dürfte auch die Niederschrift derselben in der Bibel nicht „Zufall" gewesen sein! Das hat seine Bedeutung!

Daraus folgt, dass wir diesem Schwerpunkt in den beiden Weihnachtserzählungen unbedingt Beachtung schenken müssen: Nach biblischer Darstellung findet die Ankunft des Sohnes Gottes absolut nicht in einer romantischen oder besinnlichen Atmosphäre statt, sondern inmitten von Ungereimtheiten und Problemen.

In der Welt Israels, also Gottes Volk, herrschte damals überdimensionale Not, in der geistlichen Welt tobte ein erbitterter Kampf, und dieser Kampf wurde durch den Eintritt Jesu in diese Welt mitten unter uns getragen. Das war die Charakteristik des göttlichen Eintreffens bei uns. So war Weihnachten!

Damit, durch Schilderungen des Weihnachtsgeschehens mit diesem Charakteristikum, leiten Matthäus und Lukas ihre Biographie über Jesus, dem Messias, ein! Diese ersten Eindrücke wollen sie uns vermitteln, damit wir darauf aufbauend einen umso authentischeren Jesus in ihren Evangelien entdecken und kennenlernen können.

Durchblick

Ein weiterer, augenfälliger Unterschied zwischen den beiden Evangelien müsste uns überraschen. Dieser liegt nicht im Stilistischen und auch nicht in der Art, wie die beiden Autoren der Weihnachtsgeschichte die beteiligten Personen schildern, sondern ist inhaltlicher Art.

Wir finden nämlich im Lukas-Evangelium, und nur bei ihm, etwas Unerwartetes: Er schildert uns mehrfach, dass inmitten von Elend, Stress und Gefahren einigen Wenigen völlig unvorbereitet eine geistliche Sicht dieses unglaublichen Vorgangs, dass Gott höchstpersönlich mitten unter die Menschen kommt, geschenkt wird!

Das fehlt bei Matthäus völlig; im Lukas-Evangelium hingegen verstehen manche der Beteiligten plötzlich!

Allen voran Maria, die Mutter Jesu. Der unerwartete Besuch des Engels erschreckt sie allerdings erst mal, was natürlich absolut verständlich ist. Allerdings berichtet uns Lukas, dass sich Maria auf eine ganz spezielle Art erschreckt habe, denn offenbar verunsichert sie nicht so sehr der plötzliche und unerwarteten Besuch dieses Engels, sondern insbesondere die Begrüßung durch den himmlischen Boten: *„Sie erschrak über die Rede ...",* und sie macht sich sogleich Gedanken über die Art seines Grüßens: *„... und dachte: Welch ein Gruß ist das?"* (Lukas 1,29).

Absolut erstaunlich! Man stelle sich vor: Da steht ein leibhaftiger Engel vor ihr, unangekündigt und völlig überraschend, und sie dürfte ihn durchaus auch sofort als solchen identifiziert haben! Aber das löst nicht etwa Schockstarre bei Maria aus, auch kein Verharren in Ehrfurcht und auch kein ungläubiges Staunen, sondern sie wundert sich lediglich nach kurzer Schrecksekunde über die seltsame Begrüßungsformel.

Das wirkt beinahe schon wie Abgeklärtheit und Coolness!

Natürlich müssen wir an dieser Stelle davon ausgehen, dass sie – im Gegensatz zu uns – ein natürliches, von Kindsbeinen an gepflegtes Gottesbewusstsein hatte und wohl nie ernsthaft an der Existenz Gottes und seiner himmlischen Dienerschaft gezweifelt haben dürfte. Ihr damaliges zeitgenössisches Umfeld war wesentlich religiöser geprägt wie unsere aufgeklärten westlichen Denkvorgaben heutzutage und die Existenz von Engeln stellte zu ihrer Zeit für die israelische Bevölkerung wohl eine Art Selbstverständlichkeit dar. So ist der Besuch eines Engels möglicherweise nur insofern überraschend, als Maria natürlich davon ausgehen musste, dass nur ganz wenige, von Gott sorgfältig ausgesuchte Menschen, jemals einem Engel begegnen würden.

Uns hingegen würde vermutlich die Tatsache, dass es tatsächlich Engel gibt, mindestens ebenso sehr überraschen wie sein Besuch als solcher. Denn auch wenn wir als Christen selbstverständlich vollmundig die Existenz von Engeln niemals abstreiten, so dürfte doch jederzeit gleichzeitig der nach westlichem Denken typische Zweifel in uns mitschwingen, ob sie tatsächlich existent sind, da man bekanntlich nie einen davon zu Gesicht bekommt. Folglich wäre wohl unsere spontane Anschlussfrage innerhalb des Erschreckens bei einem solchen überirdischen Besuch weniger die Frage „*Was für ein Gruß ist denn das?*" als vielmehr „*Bist du tatsächlich ein Engel?*" oder so ähnlich, vermutlich ziemlich schnell gefolgt von der Aufforderung „*Beweise mir das erstmal, dann können wir weiterreden!*" ...

Maria hingegen scheint sich über die Tatsache, dass wirklich ein Engel vor ihr steht, nicht allzu sehr zu wundern, sondern ihre Reaktion wirkt überaus besonnen und gefasst, wenn sie sich lediglich über den Gruß dieses Engels Gedanken macht.

Sicherlich hat sie insbesondere die Anrede *„Du Begnadete"* sowie die Ansage *„Der Herr ist mit Dir!"* (Lukas 1,28) an dieser Begrüßung überrascht und verwundert. Denn beides weist genau auf ihre vermutlich ohnehin vorherrschende geistliche Erwartung an den Besuch eines himmlischen Boten hin: Engel werden von Gott nur zu ganz wenigen, bewusst von Gott ausgewählten Personen, gesandt. Und es gab in ihrem Leben bisher wohl keinerlei Hinweis darauf und auch keinen ersichtlichen Grund, warum ausgerechnet sie solcherart ausgewählt und *„begnadet"* werden sollte.

Auf jeden Fall ist die schnelle Reaktion Marias, sich sofort und noch innerhalb ihres Erschreckens gleich schon solche Gedanken zu machen, außerordentlich bemerkenswert. Vielleicht ist es schon hier die Absicht von Lukas, mit dieser Randbemerkung – sie ist ja für den Verlauf der Geschichte nicht zwingend erforderlich! - einen ersten Hinweis auf den außergewöhnlichen Charakter und die bereits überdurchschnittlich ausgeprägte innere Stabilität dieser jungen Frau zu geben. Später, wenn wir noch mehr über Maria erfahren, verdichtet sich dann dieser Eindruck ohnehin. Und sie wird diese innere Festigkeit auch nötig gehabt haben bei all dem, was sie demnächst im Zusammenhang mit Jesu Geburt an Schwierigkeiten und Problemen noch durchstehen muss!

Nach der Begrüßung erklärt der Engel ihr nun relativ ausführlich den Zweck seines Besuches und die ihr von Gott zugedachte Rolle als zukünftige Mutter des *„Sohnes des Höchsten"*, dem Gott *„den Thron seines Vaters David"* geben und der *„König in Ewigkeit"* sein wird (Lukas 1,32).

Diese Wortwahl und Begrifflichkeiten werden bei Maria mit Sicherheit die sofortige Erkenntnis bewirkt haben, dass es sich bei diesem Kind, das sie gebären soll, um den verheißenen und schon seit Jahrhunderten von ganz Israel sehnlich erwarteten *„Messias"* des Alten Testaments handeln muss. Sie ist durch und durch eine israelitische junge Frau und groß geworden in der omnipräsenten messianischen Erwartung, die jederzeit im Volk herrschte und von den geistlichen Führern durchgehend wachgehalten wurde.

Zu erwarten wäre auf diese Ankündigung des Engels, dass nun ausgerechnet sie diesen künftigen König gebären soll, eigentlich eine Reaktion Marias in Sinne von *„Warum ausgerechnet ich? Ich bin doch weder eine Prinzessin noch stamme ich aus einer Familie, die in irgendwie dazu prädestiniert wäre!"*

Aber auch hier erfüllt der Bericht von Lukas keinesfalls unsere Erwartungen. Erneut reagiert Maria nämlich in erstaunlich abgeklärter Weise, indem sie nicht spontan die unerwartete göttliche Auserwählung hinterfragt, sondern stattdessen die biologische Frage stellt: *„Wie soll das zugehen, da ich doch von keinem Mann weiß?"* (Lukas 1,34).

Erneut entdecken wir in Maria eine ungewöhnlich besonnen reagierende Frau, die auch unter absolut ungewöhnlichen Umständen noch in der Lage ist, klar und logisch zu denken. Denn mit der Frage nach dem Vater hat sie diejenige Frage gestellt, die tatsächlich für menschliches Denken „unlogisch" ist und sich deshalb fast schon zwingend aufdrängt. Die Frage nach ihrer Auserwählung hingegen ist hier nicht zwingend zu stellen, weil diese keiner menschlichen Logik unterliegt. Denn Auserwählung entspringt bekanntlich immer Gottes Souveränität aufgrund seines für uns zumeist nicht einsehbaren Heilsplans, der von uns auch nicht in Frage gestellt werden sollte, geschweige denn müsste.

Ist Maria tatsächlich so abgeklärt, dass sie auch in dieser Situation noch die richtigen Fragen zu stellen vermag? Absolut erstaunlich!

Dass diese Rückfrage von Maria offensichtlich gut und richtig gestellt ist, zeigt uns die Reaktion des Engels. Er geht sofort auf die Frage ein und beantwortet sie: *„Der Heilige Geist wird über dich kommen und die Kraft des Höchsten dich überschatten!"* (Lukas 1,35), gefolgt vom Hinweis, dass auch die derzeitige Schwangerschaft ihrer Verwandten Elisabeth ein eindeutiges Wunder Gottes darstelle: *„Denn bei Gott ist kein Ding unmöglich!"*

(Lukas 1,37). Mit dieser abschließenden Bemerkung trifft der Engel offensichtlich bei Maria ins Schwarze, denn sie entgegnet: *„Siehe, ich bin des Herrn Magd, mir geschehe, wie du gesagt hast!"* (Lukas 1,38), womit der Dialog zwischen Maria und dem Engel endet.

Auch hier erneut: Eine Maria, die keine überflüssigen Fragen stellt, sondern sich überraschend spontan in Gottes Heilsplan einfügt. Wohlgemerkt: Der Engel steht noch vor ihr, als sie ihre vorbehaltlose Einwilligung erklärt! Sie hätte also durchaus an dieser Stelle noch weiterfragen, mit ihm diskutieren, genauere Erklärungen einfordern oder das unerwartete Handeln Gottes hinterfragen können. Aber nichts davon macht Maria. Stattdessen fügt sie sich sofort dem Willen Gottes.

Wiederum: Absolut erstaunlich! Hätten wir ebenso auf weitere Fragen verzichtet und so schnell und vorbehaltlos in Gottes unglaublichen Plan eingewilligt?

Aber das Eigentliche kommt erst noch. Maria zeigt nicht nur eine erstaunliche mentale und geistliche Reife im Gespräch mit dem völlig überraschend aufgetauchten Engel, sondern erkennt im Zusammenhang mit dem Besuch bei ihrer ebenfalls schwangeren Verwandten Elisabeth die wahre Bedeutung ihrer Erwählung. Dieser Erkenntnis verleiht sie durch einen zehn Verse langen dankbaren „Lobgesang" Ausdruck. Sie betet dadurch Gott an, nachdem Elisabeth ihr in prophetischer Art und Weise soeben nicht nur ihre Schwangerschaft als solche, sondern auch noch die Messianität ihres Babys bestätigt hat, indem sie die schwangere Maria spontan als *„Mutter meines Herrn"* (Lukas 1,43) bezeichnet.

Erstaunlich, wie klar Maria bereits jetzt sich selbst, die Rolle des Babys in ihrem Bauch sowie die geistliche Bedeutung dieses außergewöhnlichen Geschehens erkennt und zuordnen kann.

Zu einem noch klareren „Durchblick" findet Maria dann zusätzlich durch den Besuch der Hirten unmittelbar nach ihrer Niederkunft. Mag sie auch erstaunt gewesen sein über diese unterwarteten Gäste, noch größeres

Erstaunen dürfte ausgelöst haben, was diese zu erzählten hatten über ihr Engelerlebnis mitten in dieser Nacht und deren Botschaft. Darauf weist Lukas auch ausdrücklich hin, denn er erzählt uns: *„Maria aber behielt alle diese Worte und bewegte sie in ihrem Herzen."* (Lukas 2,19). Dass ihr jetzt auch die Engelsbotschaft an die Hirten zugetragen wurde, verhalf ihr zu einer noch klareren Sicht ihres Ergehens und dessen Bedeutung.

Maria erkannte also überraschend schnell die geistliche und heilsgeschichtliche Bedeutung des weihnächtlichen Geschehens, in dem sie eine Hauptrolle einnehmen durfte.

***

Erstaunlich ist auch die prophetische Einsicht von Elisabeth beim Besuch von Maria. Sie hatte ja zusammen mit ihrem Mann Zacharias noch vor kurzem, zu Beginn ihrer Schwangerschaft, ihrerseits eine von einem Wunder geprägte Gotteserfahrung durchlebt. Als jetzt Maria, ebenfalls schwanger, bei ihr auftaucht, erhält auch sie plötzlich eine klare Schau auf den kommenden Messias.

Die Tatsache, dass die unangekündigt bei ihr ankommende Maria mit dem lange ersehnten Messias schwanger ist, muss auch für Elisabeth absolut überraschend gewesen sein. Zwar hatte ihr Mann Zacharias vor ihrer eigenen Schwangerschaft ebenfalls Besuch von einem Engel; dieser kündigte dem Paar allerdings nur die Schwangerschaft ihres eigenen Babys, dem späteren „Johannes dem Täufer", an und erklärte dessen Bestimmung zum *„Bekehrer in der Kraft Elias"* (Lukas 1,17).

Der Messias hingegen war nicht Thema der Ankündigung durch den Engel an Zacharias. Zwar wurde er möglicherweise angedeutet durch den Hinweis, dass eine der Aufgaben des Johannes sein werde, *„zuzurichten dem Herrn ein Volk, das wohl vorbereitet ist"* (Lukas 1,17). Ob aber mit *„dem Herrn"* Gott gemeint war oder der erwartete Messias, blieb dabei offen, und da der Engel ihrem Mann Zacharias auch keinen zeitlichen Rahmen dieser „Zurichtung" andeutete, war weder für ihn noch für Elisabeth daraus ableitbar, dass der Messias womöglich schon demnächst erscheinen werde. Dass dann ihr Sohn Johannes nicht nur ein Wegbereiter, sondern auch ein zeitlicher Weggefährte Jesu werden würde, war für sie bis zum Zeitpunkt des Besuchs von Maria also noch nicht ersichtlich.

Die Erkenntnis des Geschehens und der geistlichen Bedeutung der Geburt Jesu kommt bei Elisabeth deshalb ebenfalls sehr überraschend. Lukas klärt uns darüber auf, dass dies durch den heiligen Geist ausgelöst wurde: *„Und Elisabeth wurde vom Heiligen Geist erfüllt."* (Lukas 1,41). Darüber hinaus gab ihr der Heilige Geist auch einen klaren seelsorgerlichen und geistlichen Blick für die junge Maria: *„Selig bist du, die du geglaubt hast!"* sowie eine prophetische Schau für sie: *„Es wird vollendet werden, was dir gesagt ist von dem Herrn!"* (Lukas 1,45).

Erneut berichtet uns also Lukas von einem unerwartet klaren Durchblick bei einer der beteiligten Personen.

***

Nach seiner Frau Elisabeth erhält dann auch ihr Mann Zacharias eine geistliche Sicht der bevorstehenden Geburt Jesu. Beim Besuch des Engels, der ihm die Schwangerschaft seiner Elisabeth ankündigt, war der kommende Messias noch kein Thema. Einige Zeit danach dürfte ihm allerdings seine Frau vom Besuch Marias und ihrer überraschend gewonnenen Erkenntnis über das Kind, das Maria erwartet, erzählt haben. Ab da erkannte Zacharias dann wohl ebenfalls, dass nicht nur er mit Elisabeth zusammen ein besonderes Kind zu erwarten hatte, sondern genauso auch Maria und ihr Josef.

Inwiefern er als *„frommer Priester"* aus dem Stamm Aaron, der zusammen mit seiner Frau *„in allen Geboten und Satzungen des Herrn untadelig lebte"* (Lukas 1,5+6), bereits eine tiefere geistliche Erkenntnis Jesu allein durch die Schilderungen seiner Frau gewann, bleibt allerdings offen. Aber als dann sein Sohn Johannes zur Welt kam und wenige Tage danach seine Stummheit, die ihm im Anschluss an den Besuch des Engels aufgrund seines *„weil du meinen Worten nicht geglaubt hast!"* (Lukas 1,20) auferlegt worden war, wieder aufgehoben wurde, da *„lobte er Gott"* (Lukas 1,64) und *„wurde vom Heiligen Geist erfüllt und weissagte"* (Lukas 1,67).

Sein darauf folgender ausführlicher Lobgesang geht dann weit über das Erkennen der Rolle seines eigenen Sohnes Johannes hinaus und umfasst ebenfalls eine klare Sicht des kommenden Messias, den er mehrfach und konkret beschreibt, etwa durch *„er besucht und erlöst sein Volk"* (Lukas 1,68), als *„Erretter von unseren Feinden und Hassern"* (Lukas 1,71), als *„Erlöser von der Hand der Feinde"* (Lukas 1,74), dass wir *„ihm dienten ... unser Leben lang in Heiligkeit und Gerechtigkeit"* (Lukas 1,75) sowie, dass er das *„aufgehende Licht aus der Höhe"* (Lukas 1,78) sei. Das alles sind Aussagen, die nicht auf Johannes den Täufer zutreffen, sondern ausschließlich auf den Messias Jesus.

Bei Zachäus war also ausdrücklich eine Offenbarung des Heiligen Geistes Ursache dafür, dass er eine klare Sicht für die unmittelbar bevorstehende Ankunft des Sohnes Gottes in dieser Welt gewann. Der Heilige Geist ergänzte damit den Bericht, den Zachäus vermutlich bereits von seiner Frau Elisabeth über die Schwangerschaft von Maria erhalten hatte, und ermöglichte nun auch ihm überraschend einen klaren Durchblick mitten in all den momentan recht ungewöhnlichen und in der Summe eher verwirrenden Ereignissen.

***

Vergleichbares entdecken wir auch bei Simeon und Hanna, die dem neugeborenen Messias kurz nach seiner Geburt im Tempel von Jerusalem begegnen. Simeon wird beschrieben als *„fromm und gottesfürchtig"* (Lukas

2,25) und dreimal unmittelbar hintereinander weist Lukas darauf hin, dass er vom Heiligen Geist geleitet wurde (Lukas 2,25-27). Dieser Simeon freut sich und dankt Gott nicht nur dafür, dass er mit eigenen Augen noch vor seinem Tod den verheißenen Messias sehen durfte, sondern erkennt auch dessen Bedeutung, wenn er betet: *„.... den du bereitet hast vor allen Völkern, ein Licht, zu erleuchten die Heiden und zum Preis deines Volkes Israel!"* (Lukas 2,31+32). Und während er die junge Familie segnet, erhält er einen prophetischen Blick, der allerdings auch die durch die Anwesenheit des Gottessohns in dieser Welt entstehenden Probleme nicht ausklammert: *"Siehe, dieser ist gesetzt zum Fall und zum Aufstehen für viele in Israel und zu einem Zeichen, dem widersprochen wird, ... damit vieler Herzen Gedanken offenbar werden!"* (Lukas 2,34+35). Außerdem wird ihm auch noch ein prophetisches Wort an Maria zuteil: *„Auch durch deine Seele wird ein Schwert dringen!"* (Lukas 2,35).

Letzteres ist nun allerdings wahrlich keine schöne Verheißung an Maria, aber auf jeden Fall eine realistische! Zu diesem Zeitpunkt hatte Maria ja bereits eine erhebliche Menge an Schwierigkeiten im Zusammenhang mit der Geburt Jesu erlebt: Die problematische Konstellation ihrer unzeitigen Schwangerschaft, die schikanöse Reise nach Bethlehem, das unmögliche Umfeld während der Geburt und danach noch die zwielichtigen Gratulanten am Kindsbett. Das waren ja durchaus nicht nur körperliche Strapazen, sondern immer auch seelische Belastungen. Wie wenn eine Erstgeburt im Teenageralter nicht an und für sich schon ein gewisses Maß an seelischen Belastungen bedeuten würde!

Auf jeden Fall dürfte Maria also bereits eine ziemlich realistische Vorstellung gehabt haben, was die Prophezeiung von Simeon an die Adresse ihrer Seele in etwa bedeuten könnte. Ob sie vielleicht auch bereits schon geahnt hat, dass als Nächstes nicht etwa endlich Ruhe in ihr Leben kommen würde, sondern eine Flucht unter Lebensgefahr in ein fernes und fremdes Land bevorstand? Maria hat einerseits verstanden, dass Gott sie berufen hat, seinen Sohn in die Welt hinein zu bringen. Aber sie erlebt andererseits, dass diese Berufung alles andere als Ruhe für ihre Seele beinhaltet!

Gleichzeitig mit Simeon erhält auch die hochbetagte Prophetin Hanna, die ebenfalls im Tempel zugegen ist, eine ähnlich klare Sicht des messianischen Geschehens. Lukas berichtet, dass sie dauerhaft im Tempel gewesen sei und dass sie *„Gott mit Fasten und Beten Tag und Nacht diente."* (Lukas 2,37). Auch Hanna *„pries Gott"* beim Anblick des kleinen Jesus und erkannte den ersehnten Erlöser in ihm, denn anschließend *„redete sie von ihm zu allen, die auf die Erlösung Jerusalems warteten!"* (Lukas 2,38).

Hier im Tempel zu Jerusalem erhalten also mit Simeon und Hanna noch zwei weitere Personen ziemlich unvermittelt diese klare Sicht auf die Bedeutung der Ankunft des Gottessohnes in dieser Welt. Auch diese beiden „blicken durch" – was hier wörtlich zu verstehen ist, denn sie erhalten beim Anblick dieses Jesus-Babys den geistlichen Durchblick, der sieht, was dahintersteckt.

***

Und dann gibt es noch zwei weitere Personengruppen, die unerwartet einen Einblick in das hinter Weihnachten verborgene Geschehen erhalten.

Die erste Gruppe ist die der Hirten. Die sind völlig unvorbereitet und nach menschlichem Ermessen auch völlig unprädestiniert, live in die Geburt des Gottessohnes mit einbezogen und sogar noch in das besondere Geheimnis, das dieses neugeborene Kind umgibt, eingeweiht zu werden. Es bleibt völlig offen, was Gott bewegt haben könnte, seine Offenbarungsengel ausgerechnet zu diesen Unterprivilegierten der damaligen Zeit zu senden; der Bericht von Lukas gibt uns keinen Hinweis auf den Grund dieser eigenartigen Auserwählung.

Der Begrüßungsengel nun weist sie nicht nur auf diese einmalige Geburt ganz in der Nähe hin, sondern sie erhalten von ihm auch gleichzeitig die klare Ansage, dass das Neugeborene tatsächlich der erhoffte und erwartete Messias sei: *„Euch ist heute der Heiland geboren, welcher ist Christus!"* (Lukas 2,11), wobei durchaus bemerkenswert ist, dass sie als Hirten dadurch voll in das Geschehen mit einbezogen und als „Direktbetroffene" angesprochen werden, da ihnen der Engel ja ausdrücklich ein *„Euch ist geboren ...!"* zusagt!

Wir wissen es zwar nicht mit Sicherheit, aber es ist durchaus anzunehmen, dass in diesen Hirten die in Israel allgegenwärtige Messias-Erwartung eher weniger ausgeprägt war. Die Hoffnung, dass der angekündigte Messias, der Israel „erlösen" werde, auch ihr Leben und ihre Situation verbessern könnte, dürfte eher gering gewesen sein, denn landläufig wurde ja vor allem ein politischer Messias in Form eines Königs, der den Römern die Landesherrschaft abknöpfen wird, erwartet. Konnten sie hoffen, dass dadurch ihr Los als simple Hirten ohne Ansehen, Rang und Namen wesentlich verändert würde? Wohl eher weniger ...

Abgesehen davon wurde vermutlich die Erwartungshaltung auf diesen neuen König hin eher in gebildeten Kreisen gepflegt und thematisiert und wohl weniger unter ungebildeten Hilfsarbeitern. Die Hirten dürften also ziemlich erstaunt gewesen sein, dass der Messias ausdrücklich auch „ihr" Messias werden würde!

Erfreulich aber, dass die Hirten neugierig genug waren, um sich nach dem Besuch der Engel auch tatsächlich nach Bethlehem aufzumachen. Und siehe da: Auch sie erhielten in diesem Stall ziemlich überraschend einen geöffneten Blick, mit dem sie den Messias und seine Bedeutung weitgehend erkannten, denn auf dem Weg zurück zu ihren Tieren *„priesen und lobten sie Gott für alles, was sie gehört und gesehen hatten"* (Lukas 2,20).

Überraschend deswegen, weil sich die Botschaft der Engel, die sie soeben noch staunend erhalten hatten, eigentlich nicht wirklich mit den Gegebenheiten, die sie in diesem Stall vorfanden, harmonisieren ließ. Zwar lag dieser zukünftige Herrscher, wie angekündigt, tatsächlich nicht in einem Himmelbett, sondern in einer Futterkrippe und trug Windeln wie jeder x-beliebige Säugling; der vielstimmige Engelsjubel hingegen, dass dies *„Friede auf Erden bei den Menschen seines Wohlgefallens"* (Lukas 2,14) bedeute, fand dort keine Bestätigung. Immerhin waren die Hirten ja hingegangen, um den Wahrheitsgehalt der himmlischen Engelsverkündigung zu überprüfen, aber der soeben ausgerufene *„Frieden auf Erden"* war dort wahrlich nicht zu entdecken: Zwei erschöpfte Reisende als Eltern, ein dunkler, dreckiger Stall als Kreißsaal; der Engelschor, den man eigentlich hier, bei der Hauptperson, hätte erwarten können, fehlte komplett, und das Baby trug weder einen Heiligenschein noch war es von überirdisch-himmlischen Licht umgeben. Stattdessen lauter Elend und Ungereimtheiten, also alles andere als eine „friedliche" Atmosphäre oder wenigstens eine „befriedete" Situation. Was für ein Gegensatz zum soeben erlebten lichtdurchfluteten Engelsjubel draußen auf dem Felde! Sollte das da in diesem jämmerlichen Stall-Loch etwa der Beginn des *„Friedens auf Erden"* darstellen?

Dass die Hirten trotz dieses Widerspruchs den wahren Gehalt des Erlebten erfassten und darüber sogar zu Lob und Anbetung fanden, darf mit Fug und Recht als Wunder bezeichnet werden!

Ein zusätzliches Erstaunen dürfte sich dann auch noch im Nachgang zum Besuch im Stall bei ihnen eingestellt haben. Denn als sie *„das Wort ausbreiteten, dass ihnen von diesem Kinde gesagt war"* (Lukas 2,17) und *„alle, vor die es kam, sich wunderten über das, was ihnen die Hirten gesagt hatten"* (Lukas 2,18), dürfte ihnen zunehmend gedämmert haben, dass offenbar in dieser Nacht außer ihnen niemand sonst durch die Engel informiert worden war. Denn es wird ihnen bald aufgefallen sein, dass sie bei der Verbreitung ihrer Geschichte niemandem begegnen und von niemandem hören, der Ähnliches erlebt und zu berichten hat. Selbst diesen möglichweise denktechnisch relativ simpel gestrickten Unterprivilegierten wird sich dadurch die Frage aufgedrängt haben, weshalb sich denn die Engel keine wichtigeren Personen, zum Beispiel irgendwelche Würdenträger oder angesehene Schlüsselpersonen, für ihre Botschaft ausgesucht hatten.

***

Die zweite Gruppe, die den Messias zumindest ansatzweise erkannte, ist diejenigen der „Könige" oder „Weisen" aus dem Morgenland. Allerdings lässt uns die Schilderung dieser eigenartigen Persönlichkeiten, so wie sie uns Matthäus überliefert, vermuten, dass sie aufgrund ihrer andersartigen religiösen Prägung nicht wirklich verstanden, wem sie da mit ihrem Besuch die Ehre erwiesen. Sie hatten, da sie aus dem fernen Osten kamen, keinen jüdischen Hintergrund und offenbar auch keine genaueren Kenntnisse des Alten Testaments.

Der auffällige Stern, den sie als Hinweis auf einen neu geborenen jüdischen König interpretierten, führte sie auch erst mal lediglich in die jüdische Hauptstadt Jerusalem, wo sie sich – logisch nachvollziehbar - an den aktuell amtierenden König Herodes wandten, um sich nach dem Geburtsort des Nachfolgekönigs zu erkundigen. Ihnen war offensichtlich nicht bekannt, dass gemäß einer Prophezeiung des alttestamentlichen Propheten Micha der genaue Geburtsort bereits bekannt war und dass demzufolge der neue König nicht in der Hauptstadt, sondern im kleinen Örtchen Bethlehem zur Welt kommen werde. Dies erfuhren sie erst von Herodes, der aber seinerseits auch nicht bibelfest genug war, um dies spontan zu wissen, sondern erst mal die Jerusalemer Schriftgelehrten daraufhin befragen musste.

Als sich die honoren Persönlichkeiten aus dem fernen Osten dann auf den Weg nach Bethlehem machten, geleitete sie der Stern, der sie schon ins jüdische Land geleitet hatte, als Bestätigung der Geburtsort-Ankündigung von Micha auch tatsächlich zum Geburtsort und zu der Unterkunft, in der sie das neugeborene „Königskind" fanden.

Was also wussten die weitgereisten Herren über den kommenden Messias? Wohl nicht wesentlich mehr, als dass er tatsächlich ein König werden würde, und vielleicht erhielten sie von Maria und Josef im Stall dann noch zusätzlich einige Hintergrundinformationen zu diesem außergewöhnlichen Kind. Es ist aber sehr zu vermuten, dass sie die messianische Bedeutung von Jesus nicht wirklich kapierten, sondern wohl lediglich die Erkenntnis mit auf den Nachhauseweg nahmen, dass sie tatsächlich einem zukünftigen König begegnet sind, dessen Geburt an sich schon ziemlich außergewöhnlich war und dass sich nach jüdischer Vorstellung dieses royale Baby möglicherweise auch zu einem außergewöhnlichen König entwickeln würde.

Davon, dass sie – möglicherweise direkt von Gott eingegeben – irgendwelche weitere Erkenntnisse über dieses Königskind erhalten haben oder ob sie sich aufgrund des soeben Erlebten im Nachhinein anhand der jüdischen Schriften über den Messias kundig machten, berichtet Matthäus nichts.

Es ist deshalb davon auszugehen, dass diesen Gratulanten an der Krippenwiege Jesu vermutlich nicht wirklich ein Licht aufging betreffend der heilsgeschichtlichen Bedeutung dieses künftigen Königs. Aber sie sind immerhin abgereist mit der Gewissheit, tatsächlich das Ziel ihrer Reise erreicht zu haben und dass ihr weiter Weg somit nicht umsonst gewesen war. Tiefere geistliche Erkenntnisse dürften sie jedoch kaum gewonnen haben.

***

Der Vollständigkeit halber sei noch erwähnt, dass die letzte Person, die in der Weihnachtsgeschichte ausführliche Erwähnung findet, nämlich der Landesfürst Herodes, offensichtlich gar nichts von Bedeutung kapiert hatte. Er ließ sich wohl ausschließlich von seiner Angst um seinen Herrschaftsanspruch leiten. Folglich war für ihn jede Geburt irgendeines potentiellen „Königsanwärters" eine Bedrohung, die bekämpft werden musste. Dass es sich laut dem Alten Testament im vorliegenden Fall vielleicht tatsächlich um den „Messias", also um eine im göttlichen Heilsplan vorhergesehene und von Gott beauftragte und gesandte Person handeln könnte, schien ihn nicht interessiert zu haben.

Wäre Herodes geistlich irgendwie gegründet oder wenigstens religiös ernsthaft interessiert gewesen, hätte er aufgrund der Informationen seiner Schriftgelehrten zumindest ahnen können, dass sein Vorgehen möglicherweise ein Affront gegenüber Gott und seinem Willen darstellen könnte. So, wie Matthäus ihn aber schildert, scheint ihn das völlig unberührt gelassen zu haben.

***

So bleibt vorerst der Kreis derjenigen, denen Gott ein tieferes Verständnis der Ankunft seines Sohnes in dieser Welt vermittelte, sehr überschaubar: Nebst den direkt betroffenen Eltern Maria und Josef und den mit ihnen Verwandten Elisabeth und Zacharias sind es eine Handvoll überraschter Hirten sowie Hanna und Simeon, zwei betagte, aber geistlich gegründete Gläubige im Tempel. Nur diesen wenigen Personen schenkt Gott den Durchblick, den Messias tatsächlich bereits bei seiner Geburt schon als solchen zu erkennen. Nur sie verstehen, was da passiert.

Für sie alle kommt diese Erkenntnis völlig unerwartet. Auch für Hanna und Simeon, die zwar in Erwartung des Messias lebten, wobei allerdings deren Erwartung nicht mehr als ein Hoffen sein konnte, ihm vielleicht noch zu Lebzeiten zu begegnen. Denn es mag vor ihnen schon viele Tiefgläubige gegeben haben, die diese Hoffnung ebenfalls in sich trugen, aber längst verstorben waren, ohne dass sich ihr Sehnen erfüllt hätte. Das wussten Hanna und Simeon bestimmt auch, deshalb kam für sie die Begegnung mit dem neugeborenen Messias dann doch ganz plötzlich und überraschend.

Es sei noch darauf hingewiesen, dass die Nachricht von Jesu Geburt auch bei denen, die schlussendlich den geistlichen Durchblick in die Bedeutung dieses Geschehens erhielten, durchaus nicht immer automatisch sogleich Begeisterung oder Anbetung auslöste! Vielmehr löste diese Erkenntnis zumeist erst Verunsicherung, beispielsweise in Form von *Verwunderung",* aus, beispielsweise bei all denen, welchen das Weihnachtsgeschehen von den Hirten erzählt wurde (Lukas 2,18), oder auch bei Maria und Josef höchstpersönlich beim prophetischen Gebet des Simeon während Jesu Darstellung im Tempel (Lukas 2,33).

Verständnis entwickelte sich also nicht immer unmittelbar, sondern teilweise erst nach einer Phase der Verunsicherung. Gott handelt für unser menschliches Denken oft erstaunlich, und den an Jesu Geburt beteiligten Menschen wurde dieses Erstaunen nicht erspart, sondern diente als Grundlage für anschließendes Erkennen und Verstehen, welches dann mehrmals sogar zu Lob und Anbetung führte.

Und dies inmitten von Problemen, Stress und widriger Umstände! Absolut erstaunlich, was Lukas uns hier zu berichten weiß!

Weihnachten heute

Wenn wir die Weihnachtserzählungen jetzt so betrachten, wie sie wirklich in der Bibel stehen, also mit diesen charakterisierenden Schwerpunkten, dann sollten wir uns abschließend noch den für uns aktuellen geistlichen Gehalt verdeutlichen: Was beutet ein korrektes, bibelgetreues „Weihnachtsverständnis" für unser heutiges Jesus-Verständnis und wie müsste sich das auf unsere Jesus-Nachfolge auswirken?

Es wäre sicher zu kurz gegriffen, wenn wir uns an dieser Stelle damit begnügen würden, dass wir ja nun einen tieferen Einblick in die Weihnachtserzählungen gewonnen haben und tatsächlich zugeben müssen, dass unsere Art, alljährlich Jesu Ankunft in der Welt als rührselige *„Party für Jesus"* zu feiern, ziemlich weit entfernt ist von der biblischen Intension der Geburt unseres Herrn und Heilands. So damit umzugehen, könnte allenfalls als Ergebnis zeitigen, dass uns nächstes Jahr ein leichtes Unbehagen durch die Advents- und Weihnachtszeit hindurch begleitet. Das ist aber sicher nicht das Ziel, das Matthäus und Lukas mit dem Verfassen ihrer Berichte erreichen wollten. Und es dürfte darüber hinaus auch nicht das sein, vorauf uns Gott beziehungsweise der Heilige Geist durch das Lesen dieser biblischen Texte hinweisen oder was er uns dabei ans Herz legen möchte.

Ebenfalls reicht dann natürlich auch nicht, wenn wir uns an dieser Stelle lediglich damit begnügen würden, uns vorzunehmen, in Zukunft diesen Jesus, wie ihn uns Matthäus und Lukas nach ihren jeweiligen Weihnachtsgeschichte in ihren Evangelien schildern, mit etwas anderen Augen zu betrachten.

Weil es das Ziel der beiden Autoren gewesen sein dürfte, dem Leser ihrer Evangelien bereits zu Beginn der Lektüre erste geistliche und glaubenskonstituierende Impulse mit auf den (Lese-)Weg zu geben, sollten wir natürlich abschließend diesen tieferen Intensionen der beiden nachspüren, uns also jetzt konkrete Gedanken darüber machen, was ihre Weihnachtsgeschichten für uns heute bedeuten.

Um dies fruchtbar werden zu lassen, treten wir jetzt nochmals einen Schritt zurück und betrachten die beiden Erzählungen von der Geburt Jesu umfassend, nämlich in ihrem welt- und heilsgeschichtlichen Horizont.

Denn es passiert de facto ja Unglaubliches!

Weihnachten bedeutet doch im Kern nichts weniger, als dass die göttliche Welt in unsere menschliche Welt einbricht. Das Jenseits kommt plötzlich mitten hinein in unser Diesseits! Gott wird selbst Mensch und kommt in Gestalt von Jesus, seinem Sohn, mitten unter die Menschen, um diesen zu begegnen, und zwar völlig auf der menschlichen Ebene; als einer der ihren, indem er einer der ihren wird.

Gott kommt höchstpersönlich in die Welt!

Das ist völlig neu! Alle bis dahin glaubenden Menschen haben Gott immer und jederzeit als den „Jenseitigen" erlebt. Der Gott des Alten Testaments befand sich stets außerhalb unserer irdischen Welt, sozusagen „drüberstehend". Er hat zwar dann und wann die Erde berührt, kam durchaus auch in sichtbarer Gestalt, vielleicht als Wolke, als Feuersäue, als brennender Dornbusch, als Engel oder ähnliches verkleidet, in die Nähe der Menschen – aber nie mitten unter sie! Er blieb dabei letztlich stets noch auf Distanz. Zwar begegnete er Menschen in einer für deren weltlichen Sinne sichtbaren Gestalt oder Form, blieb aber darin beziehungsweise dahinter trotzdem verborgen und war damit in letzter Konsequenz doch unnahbar.

Sogar absolut unnahbar, denn wer ihm noch näher kommen wollte, wer sozusagen die letzte Distanz auch noch überbrücken wollte, der musste mit dem sofortigen Tod rechnen!

Schon Jakob erkannte nach seiner nächtlichen Schau der Himmelsleiter diese Todesgefahr: *„Ich habe Gott von Angesicht gesehen, und doch wurde mein Leben gerettet!"* (1. Mose 32,31); gegenüber Mose erklärte Gott dann: *„Kein Mensch wird leben, der mich sieht!"* (2. Mose 33,20) und das Volk Israel wurde am Berg Sinai, auf den sich Gott in einer Wolke niedergelassen hatte, entsprechend gewarnt: *„Wer den Berg anrührt, soll des Todes sterben!"* (2. Mose 19,12). Somit war also jederzeit und jedermann in Israel bekannt, dass man Gott nicht direkt begegnen konnte, und folgerichtig stand auch das Betreten des *„Allerheiligsten"*, also des Raumes, in dem Gott als besonders Präsent galt, sowohl in der Stiftshütte wie auch später im Tempel für „Normalsterbliche" immer unter Todesandrohung.

Direkter Kontakt mit Gott war also seit Urzeiten, nämlich seit der Vertreibung Adam und Evas aus dem Paradies, absolut undenkbar.

Und nun dies: Gott kommt höchstpersönlich in die Welt!

Und zwar in Gestalt seines Sohnes Jesus, direkt zu uns und mitten unter uns. Ein unglaublicher Vorgang: Gott hebt damit die letzte Distanz, die seit Erschaffung der Welt und durch das ganze Alte Testament hindurch seinen Umgang mit den Menschen, auch mit seinem „auserwählten" Volk Israel, geprägt hat, auf. Die damit verbundene und unausweichliche Todesgefahr wird aufgehoben!

Und zwar völlig überraschend! Auch für alle Gläubigen und aufrichtig Gottesfürchtigen, denn dass Gott in dieser Unmittelbarkeit jeglichen Abstand zu uns Menschen aufheben wird, das war damals aus keiner alttestamentlichen Prophezeiung oder Messias-Ankündigung ableitbar!

Es geschieht also absolut Unglaubliches und Unvorhersehbares, und es kommt auch noch völlig unerwartet: Gott kommt höchstpersönlich in die Welt! Mitten unter uns Menschen!

Das ist der Kern von Weihnachten, genau diese Bedeutung steckt hinter dem Weihnachtsgeschehen damals: Es geschieht Ungeheuerliches!

Damit das allen nachfolgenden Generationen erhalten bleibt und wir uns das bis heute immer wieder in Erinnerung rufen können, dazu haben Matthäus und Lukas das Weihnachtsgeschehen aufgezeichnet.

Gott kommt höchstpersönlich zu uns in die Welt, mittenhinein!

Und genau diese Bedeutung hat Weihnachten auch heute noch! Weihnachten ereignet sich erneut, denn dieser Vorgang, dass Gott in seinem Sohn höchstpersönlich mitten unter uns kommt, dass die letzte Distanz aufgehoben wird und die Todesgefahr nicht mehr besteht: Dies geschieht auch heute noch. Immer wieder! Denn auch heute noch kommt Gott in Form von Jesus höchstpersönlich in unsere Welt, und zwar in unsere je eigene Welt. Zu jedem einzelnen von uns nämlich! Und unter Aufhebung jeglicher Distanz!

Das ist doch die entscheidende Botschaft des Evangeliums und gleichzeitig der Schlüssel der Erlösung: Weihnachten soll erneut geschehen, soll sich laufend wiederholen! Die göttliche Welt soll mit Jesus immer wieder in unsere menschliche Welt einbrechen; der Gottessohn soll möglichst zu jedem Menschen kommen; die Distanz zwischen Mensch und Gott soll immer wieder restlos aufgehoben werden! Denn es soll ja immer aufs Neue zu einer persönlichen Begegnung zwischen jedem einzelnen Menschen und dem Sohn Gottes kommen!

Und zwar völlig innerweltlich! Hier, bei uns, in unserer persönlichen Welt, unser eigenes Leben hinein, in unseren gelebten Alltag hinein soll er kommen. Es soll also, genauso wie damals, das Göttliche, das Überirdische mit Jesus aus dem Jenseits mitten hinein in unser innerweltliches Dasein einbrechen. Ohne Distanz, unmittelbar, direkt bei uns und mit uns, ja sogar in uns, in unseren Herzen: Da hinein soll das Göttliche kommen. So wie damals in diesem Stall in Bethlehem soll er jetzt zu uns kommen. Genau so: Echt, real, persönlich und distanzlos.

Weihnachten soll sich also in unserem eigenen Leben wiederholen.

Welches Weihnachten? Nun, ohne Zweifel natürlich das biblische Weihnachten! Es gibt nur eine Art von Weihnachten: Diejenige, die schon damals stattgefunden hat. Und das ist eben Weihnachten, wie es uns Matthäus und Lukas in ihren Evangelien überliefern.

Es wird und soll sich also das Weihnachtsgeschehen wiederholen, und zwar in unserem Leben. Und da es dasselbe Weihnachten ist, dieselbe Art des Eintretens Gottes in unsere Welt; da es nur eine einzige „echte" Form von Weihnachten gibt, wiederholt sich also das Weihnachtsgeschehen mit diesen zwei grundsätzlichen Charakteristika: Auf der einen Seite Frust, Probleme, Ungereimtheiten, Stress und Angst – und andererseits gleichzeitig das ehrfürchtige Erkennen desjenigen, der nun tatsächlich, überraschend und auch noch leibhaftig zu uns kommt!

Gleichzeitig: Weltliche Not und geistlicher Durchblick!

Das haben die Beteiligten damals, im Zusammenhang mit dem Eintreffen des Gottessohnes in diese Welt, erlebt. Und wir haben diesem Entsprechendes zu erwarten. Weil es typische Charakteristika sind, wenn der Himmel auf die Welt trifft und wenn die Distanz zu uns Menschen von Gottes Seite aus völlig aufgehoben wird.

Und genau das passiert und zwar genau dann, wenn es um die Erlösung von Menschen, also um die konkrete Verwirklichung des Rettungsplans Gottes heute geht: Weihnachten findet statt! Erneut!

Weihnachten passiert also immer wieder, wenn Jesus zu einzelnen Menschen kommt, wenn er in ihr Leben eintritt. Genauso wie damals an Weihnachten kommt er heute. Und er kommt, genauso wie damals, um zu erlösen.

***

Haben wir die Bedeutung von Weihnachten als „Eintritt des Göttlichen in unsere Welt" wirklich verstanden und verinnerlicht? Ist uns also beispielsweise bewusst, dass damals die Erstbegegnung mit Jesus völlig anders als erwartet war: problembeladen, unverständlich, unvorhersehbar und in weiten Teilen völlig frustrierend, so wie es uns eben Matthäus und Lukas deutlich darstellen?

Wenn sich dann aber Weihnachten bis in unsere Zeit hinein immer wieder erneut genau da ereignet, wo der Sohn Gottes höchstpersönlich in das Leben eines Menschen eintritt, oder, wie wir das heute unter Evangelikalen nennen, wo sich jemand „bekehrt", dann sollten wir davon ausgehen, dass sich diese Typik von Weihnachten, die wir bei Matthäus und Lukas entdeckt haben, ebenfalls bis heute wiederfinden lässt.

Wenn wir also in den Weihnachtsschilderungen darauf stoßen, dass offenbar dem Teufel sehr daran gelegen war, damals die Ankunft des Sohnes Gottes in der Welt möglichst zu verhindern und dieser zu diesem Zweck eine Unzahl von Schwierigkeiten und Problemen inszenierte, insbesondere im Umfeld der direkt in die Ankunft des Messias involvierten Maria und Josef, dann müssen wir davon ausgehen, dass der Teufel vermutlich auch in unserer Zeit ähnliches inszenieren könnte. Wenn also Jesus wieder persönlich in das Leben von Menschen eintreten möchte, dürfte es keinesfalls verwundern, wenn sich im Zusammenhang mit Bekehrungen existentielle Schwierigkeiten einstellen, Umstände plötzlich zur Not werden oder sich Chaos, Verunsicherung und Frust breitmachen. Eventuell sogar bis dahin, dass der Teufel eben auch lebensgefährlich dazwischenzufunken versuchen könnte, wie er es damals beim von Herodes angeordneten vielfachen Kindermord schon einmal tat.

Wenn uns also Matthäus und Lukas in ihren Darstellungen von Weihnachten unübersehbar auf diese Taktik des Teufels hinweisen, dann ist entsprechendes wiederum zu erwarten, wenn Gottes Sohn zur Erlösung auch in unsere Welt, in unser Leben hineinkommt. Wie damals.

Woher also, so ist hier zu fragen, nehmen wir unsere optimistische Gewissheit, dass es ein romantischer, gleichsam von Kerzen und Lebkuchenduft durchdrungener *„Party-für-Jesus"*-Augenblick werden könnte, wenn nun tatsächlich der lebendige Gott in Form von Jesus, seinem Sohn, auch uns höchstpersönlich aufsuchen und in unser Leben eintreten wird?

Bestimmt nicht aus den ersten Kapiteln der Evangelien von Matthäus oder Lukas! Denn die schildern uns den Eintritt Jesu in unsere Welt hinein als auf der ganzen Linie verstörend, frustrierend und problembeladen. Ihre unmissverständliche Weihnachtsbotschaft lautet: Wenn Jesus kommt, wird durchaus nicht einfach „alles gut", sondern ganz im Gegenteil! Schon bei seiner Geburt mischt die Ankunft Jesu alles auf und durchkreuzt alle menschlichen Vorstellungen. Jesus tritt gleich von Anfang an, schon ab Geburt, als der „ganz Andere", der Unberechenbare, der Überraschende auf!*

Wenn sich aber der Vorgang des Kommens Jesu bei einer Bekehrung gleichsam wiederholt: Warum sollte dann unser persönliches „Weihnachten" so völlig anders verlaufen als das biblische „Urweihnachten"? Auf welcher „Bibelerkenntnis" gründet dieses Bekehrungsverständnis?

Klar, da fallen uns sofort die vielen biblischen Wundergeschichten ein, bei denen Menschen Jesus erstmals persönlich begegnet sind und von Jesus sogleich in irgendeiner Art und Weise „befreit" wurden; sei es durch körperliche Heilung oder aber durch seelische Gesundung, etwa durch Befreiung von Geiz und Habsucht wie beispielsweise ein Zachäus. Diese „Befreiten" glaubten dann auch irgendwie an Jesus, waren also im gewissem Sinne „Gläubige". Und in deren Umfeld, bei deren *„Bekehrung"*, sind doch kaum jemals zusätzliche Probleme und Schwierigkeiten in gehäufter Form aufgetreten, oder?

Diese *„Bekehrungen"* nehmen wir dann als Vorbild, als Mustervorlagen für unsere heutigen Bekehrungen. Allerdings müssten wir uns dabei schon

* vgl. mein Buch *„Jesus provoziert!"*, erhältlich beim BoD-Verlag

im Klaren sein, dass solche Bekehrungen als Antwort auf ein persönlich erlebtes Heilungswunder beim damals erstmalig anwesenden Jesus eine besondere Kategorie darstellen. Denn erstens stellen solche „Wunder-Bekehrungen" ab dem Zeitpunkt der Himmelfahrt des leiblich anwesenden Messias bis einschließlich heute seltene Ausnahmen dar, und zweitens waren damalige Bekehrungen vor Kreuz und Auferstehung auch insofern relativ, als dass die dadurch neu gewonnenen Jesus-Anhänger noch gar keine klare Erkenntnis der Erlösungstat Jesu haben konnten. Ihre Erlösung bestand im Wesentlichen darin, von ihrem Leiden „erlöst" worden zu sein. Aus Dankbarkeit begannen sie dann, Nachfolger dieses wundertätigen Jesus zu werden. Ein neutestamentliches Nachfolgeverständnis, das dem Namen „Verständnis" tatsächlich gerecht wird, kann ein „Bekehrter" allerdings erst ab Ostern, wenn nicht sogar erst ab Pfingsten, entwickeln. Denn erst ab dann ist die Rettungstat Jesu abgeschlossen und in vollem Umfang erkennbar und verstehbar.

Seit dem Start der ersten Gemeinde in Jerusalem ist es ja bekanntlich auch nicht mehr schlüssig, biblisch geschilderte Bekehrungserlebnisse jeweils als „Erlösung" im Sinne von *erlöst werden von weltlichen Problemen und Schwierigkeiten* zu interpretieren. Bereits in den Briefen des Neuen Testaments finden wir keinen Hinweis mehr, der uns berechtigen würde, Bekehrungen so zu verstehen. Und Bekehrungen als Antwort auf erlebte Wunder geschahen ohnehin ganz schnell und unübersehbar nur noch in Ausnahmefällen!

Damals wie heute. Denn genau in dieser geistlichen und heilsgeschichtlichen Zeitepoche leben wir momentan ja noch immer!

***

Kommt noch dazu, dass die Gläubigen damals, an Urweihnachten, eine klare Sicht zu haben glaubten, wie dieser Erlöser kommen werde. Und diese klare Sicht, wer er sei und wie er sich präsentieren würde, hatten sie sich aus der damals aktuellen Bibel, in ihrer Zeit aus dem Alten Testament bestehend, erarbeitet. Sie meinten, aufgrund profunder Bibelkenntnisse die Art und Weise des Erscheinens dieses Gottessohns recht gut vorhersagen zu können und deshalb korrekt drauf vorbereitet zu sein. Sie gingen davon aus, dessen Persönlichkeit sofort erkennen zu können, weil diese ja biblisch ausreichend beschrieben sei.

Völliger Irrtum!

Genauso wie wir heute, die wir uns in der Sicherheit wähnen, aufgrund unserer „profunden" Bibelkenntnis ziemlich genau beschreiben und vorhersagen zu können, wie Jesus in unser Leben hineinkommt und was bei einer „Bekehrung", also einer bewussten Hinwendung zu Jesus, mit uns und mit unserem Alltag geschehen wird.

Wirklich?

Testfrage dazu: Wie „*profund*" war denn beispielsweise unsere bisherige geistliche Erkenntnis des Weihnachtsgeschehens?

Die Darstellungen der Weihnacht von Matthäus und von Lukas helfen uns, diesbezüglich realistischer zu werden und auch die weniger angenehmen Seiten einer „Erlösung" durch diesen Messias mit zu bedenken. Denn weil „Erlösung" nach wie vor bedeutet, dass der himmlische Erlöser in unsere persönliche Welt eintritt, und weil dieser Eintritt genau beim Start unserer Erlösung, also bei unserer so genannten „*Bekehrung*", stattfindet, ist Weihnachten die Vorlage für die Typik der neutestamentlichen Erlösung. Weihnachten muss folglich beim Thema „Bekehrung" beziehungsweise „Erstbegegnung mit Jesus" immer mitgedacht werden!

Deshalb sollten wir uns an dieser Stelle folgenden Fragen stellen:

- Was erwarten wir von unserem Erstkontakt mit Jesus? Wie wird er mir begegnen und was wird er in meinem Leben auslösen, wenn ich mich ihm tatsächlich mit Haut und Haaren persönlich anvertraue, mich „*bekehre*" und ein Leben als sein „*Nachfolger*" beginne?

- Verstehen wir Jesus immer noch als den *„ultimativen Problemlöser mit göttlichen Mitteln"*, obwohl er schon bei seinem Erstkontakt mit der Welt – nämlich bei seiner Geburt – eine Vielzahl von zusätzlichen Problemen verursachte?

- Sind wir bereit, <u>diesen</u> Jesus in unserem Leben zu akzeptieren und auf <u>diesem</u> Hintergrund, also möglicherweise mitten in Elend und Problemen, ihn in ehrfürchtigem Staunen anzubeten und ihm die Ehre zu geben, die ihm zusteht, wie das beispielsweise Maria, Elisabeth, Hanna oder Simeon taten?

- Was versprechen wir interessierten Personen, was passieren wird, wenn sie Jesus in ihr Leben aufnehmen? Womit „locken" wir sie, sich Jesus völlig anzuvertrauen und sich ihm hinzugeben? Ist die Art und Weise, wie wir ihnen die Ankunft des Gottessohnes in ihr Leben schmackhaft zu machen versuchen, verantwortbar?

Umgekehrt ist dann aber auch folgende Frage zu bedenken: Wenn es zur „Normalität" der Ankunft des Menschensohnes bei uns Menschen gehört, dass der Teufel sich aufmacht, dies zu verhindern: Was müsste dann im Rückschlussverfahren vermutet werden, wenn im Zusammenhang mit unseren derzeitigen Bekehrungserlebnissen keinerlei Probleme und Schwierigkeiten auftauchen? Was für Bekehrungen finden bei uns statt, wenn der Teufel es nicht für nötig erachtet, in irgendeiner Weise aktiv zu werden und dazwischenzufunken?

Zugegeben, das sind keine beruhigenden Gedanken. Darüber möchte man vielleicht gar nicht nachdenken, schon gar nicht zum Thema „Weihnachten". Aber wäre es nicht sinnvoll, auch dies kritisch zu reflektieren, nachdem wir es in den Weihnachtsdarstellungen der Bibel unübersehbar entdeckt haben?

Nirgendwo fordert uns die Bibel bekanntlich auf, dass wir als mündige Christen unliebsamen Gedanken aus dem Weg gehen sollten. Stellen wir uns also auch diesem, leider ziemlich unangenehmen Zusammenhang?

***

Dass Jesu Kommen nicht unseren Vorstellungen entspricht, darauf weisen uns Matthäus und Lukas darüber hinaus auch noch ziemlich deutlich durch die Schilderung der Besucher am Geburtsort des Gottessohnes hin.

Wir haben bereits betrachtet, dass sowohl diese ärmlichen Hirten, die uns Lukas vorstellt, wie auch die dubiosen „Weisen", von denen Matthäus uns berichtet, alles andere als passende Gratulanten darstellten. Warum nehmen diese Schilderungen eigentlich einen so breiten Raum in den Weihnachtserzählungen ein? Lukas erzählt in seiner Darstellung der Geburtsnacht sogar wesentlich ausführlicher von den Hirten als von der „heiligen Familie" oder von Jesu Geburt als solcher: 12 Verse entfallen auf die Hirten, aber nur 9 auf die Geburt als solche! Das ist dermaßen auffallend, dass es wohl kein Zufall sein dürfte!

Bei Matthäus fällt die Schilderung der Weisen ebenfalls auffällig ausführlich aus und zudem noch absolut irritierend, wenn man bedenkt, dass er für eine jüdische und des Alten Testaments kundige Leserschaft schreibt. Seine Leser dürften also schon im 2. Kapitel des Matthäus-Evangeliums ihren Augen kaum getraut haben: Solchen Gratulanten passten absolut nicht in ein Begrüßungskomitee für den jahrhundertelang sehnlichst erwarteten „göttlichen Messias"!

Man könnte hier argumentieren, dass Gott durch die Sendung dieser „heidnischen" Gratulanten vielleicht auf Jesus als das „Licht der Nationen", also auf den Heilsbringer auch für Völker außerhalb Israels, hinweisen wollte.

Andererseits: Was Matthäus sich hier zu berichten wagt, könnte man fast schon als gotteslästerlich bezeichnen, denn solche ungeistlichen, dem Aberglauben hörigen Pseudowissenschaftler hatten am Geburtsbett des Erlösers Israel nun wirklich nichts zu suchen! Man hätte sie unverzüglich und kompromisslos sofort des Ortes verweisen müssen!

Wie kann Matthäus das seinen Lesern zumuten? Um so etwas derart schonungslos und dazu noch in dieser Ausführlichkeit seinen jüdischen Lesern vor Augen zu halten, muss er triftige Gründe gehabt haben. Ebenso Lukas, wenn er eine Gruppe von sozial unterprivilegierten Hirten derart ausführlich als urplötzlich durch Engelsbesuch und Heilsadressaten gleichsam als „geistlich Überprivilegierte" darstellt; und dies, obwohl diese Hirten solch geistliche Würdigung weder angestrebt noch irgendwie verdient oder auch nur erhofft hätten!

Die Schilderung dieser merkwürdigen Besucher kann nur bedeuten, dass sowohl Matthäus wie auch Lukas gleich zu Beginn ihres Evangeliums ihre jeweiligen Leser unmissverständlich darauf hinweisen wollen, dass Jesu Erscheinen völlig anders verläuft, als wir es uns vorstellen können!

Wenn Jesus kommt, ist alles anders, neuartig, ungewohnt, überraschend! Wenn Jesus erscheint, passieren plötzlich Dinge, die weder vorhersehbar waren noch in unsere Denkraster passen! Da kommen eben beispielsweise Gratulanten, wie wir sie uns im Leben nie vorgestellt hätten, die uns absolut unpassend erscheinen und in keines unserer geistlich vorgefertigten Schemata passen.

Die Botschaft hinter diesen auffälligen Besucherschilderungen lautet also bei beiden übereinstimmend: *„Wenn Jesus kommt, kommt es ganz anders als erwartet!"*

Es gibt für uns heute absolut keinen Grund zur Annahme, dass dies nur damals, beim ersten Erscheinen des Gottessohnes in unserer Welt, so der Fall gewesen sei; dass also bloß damals die Ankunft des Messias für alttestamentliche Kenner eben mit überraschenden Begleitumständen vor sich ging. Hätte dieser Leitsatz *„Wenn Jesus kommt, kommt es ganz anders als erwartet!"* nur damals, einmalig, lediglich an „Ur-Weihnachten", seine Berechtigung gehabt, hätten Matthäus und Lukas dies nicht durch ihre Besucherschilderungen gleich schon am Anfang ihrer Jesus-Beschreibungen verdeutlichen müssen, so dass die gesamte Christenheit das 2.000 Jahre lang in der Bibel nachlesen kann.

Die matthäische und lukanische Intension *„Wenn Jesus kommt, kommt es ganz anders als erwartet!"* ist zweifellos auch heute noch eine zu berücksichtigende geistliche Einsicht und sollte als eine der Kernaussagen der Weihnachtsgeschichte in unserer grundlegenden Einschätzung der Person Jesu und im persönlichen Umgang mit ihm Niederschlag finden.

***

Wir haben außerdem entdeckt, dass entsprechend dem Stil der Weihnachtserzählung von Matthäus die beteiligten Personen, auch wenn sie absolut direkt am Geschehen beteiligt sind, trotzdem lediglich reagierende „Rand-Akteure" sind, wenn Gott mit seinem Sohn ein Kapitel der Weltgeschichte zu schreiben beabsichtigt!

Auch das hat seine Parallele bis in die heutige Zeit.

Denn auf uns übertragen heißt das: Unsere persönliche Bedeutung ist weitaus geringer, als wir vielleicht bisher dachten, wenn Gott in den Lauf der Welt eingreift. Und zwar auch dann, wenn wir durchaus gläubig sind und sogar dann, wenn wir von Gott auserwählt und bestimmt werden, direkt am Geschehen beteiligt sein zu dürfen! Denn selbst Maria, die Gott ja nun wirklich sehr direkt und intensiv ins Geschehen einbindet, ist davon nicht ausgenommen! Auch sie wird von Matthäus durchgehend in der gesamten Weihnachtsgeschichte lediglich als eine am Geschehen stark beteiligte Person, jedoch nicht als eigenständige Persönlichkeit mit Gefühlen, Meinungen, Gedanken oder Charakter dargestellt.

Ein durchaus starker Hinweis also von Matthäus darauf, dass seit dem Erscheinen des Messias vor rund 2.000 Jahren nicht mehr unser persönliches Ergehen, sondern vielmehr das Erreichen göttlicher Ziele und Vorstellungen im Vordergrund steht!

87

Dies war alttestamentlich noch undenkbar! Da standen immer wieder Menschen im Rampenlicht, die Gott besonders beauftragt hatte und die für Gott große Aufgaben zu erledigen hatten. Entsprechend wurden sie (und werden bis heute!) als besondere Persönlichkeit geachtet und wertgeschätzt, seien es die Urväter Abraham, Isaak oder Jakob, seien es Heerführer wie Mose und Josua, seien es Könige wie etwa David und Salomo oder seien es Propheten: Sie alle gelten als „Urtypus" glaubender Menschen und als unsere Vorbilder!

Aber nicht mehr ab Jesu Geburt. Auch das ist absolut neu in der Welt- und Heilsgeschichte und wird erstmalig hier, beim weihnächtlichen Kommen des Menschensohnes, so wie es uns Matthäus überliefert, in dieser Deutlichkeit ersichtlich: Menschen stehen ab jetzt nicht mehr derart im Rampenlicht! Im Vordergrund steht stattdessen nun, wesentlich markanter als zu alttestamentlichen Zeiten, das Erreichen göttlicher Ziele.

Der Mensch hingegen, auch wenn er von Gott zum Erreichen seiner Ziele eingesetzt wird, tritt in den Hintergrund.

Seither könnte also unsere Rolle durchaus auch noch nur eine statistische sein, wenn Gott mit uns oder sogar durch uns in dieser Welt etwas bewegen möchte. Matthäus führt uns damit gleich zu Beginn seiner Jesus-Darstellung in eine neue Bescheidenheit hinein, in ein wesentlich demütigeres Verständnis unserer Mitbeteiligung an Gottes Heilswirken! Wir sind alles andere als der „Nabel der Welt", auch wenn Gott beziehungsweise Jesus uns darin ehrt, dass wir seine Mitarbeiter sein dürfen und sogar auch dann, wenn wir für ihn vielleicht sogar überdimensional Großes tun und Viel bewegen können.

Das verdeutlicht uns Matthäus bereits zu Beginn seiner Jesus-Darstellung, und wenn wir das beim Lesen seiner Weihnachtsgeschichte erkennen, erhalten wir eine vertiefte Sicht dessen, was mit Jesus Neues anbricht und in seinem Umfeld – und insbesondere in seiner Nachfolge! – zu erwarten ist.

***

Ebenfalls zu unserer Bescheidenheit und Demut müsste beitragen, wenn wir uns bewusst machen, dass der Engel Maria als *„Begnadete"* anspricht (Lukas 1,28) und diese Gnaden-Zusage sogleich noch mit *„Du hast Gnade bei Gott gefunden!"* (Lukas 1,30) vertieft.

Was bedeutet diese Gnade für Maria?

Dazu fällt uns sicher sogleich ein, dass es natürlich eine ganz besondere Ehre für Maria gewesen sein muss, den Sohn Gottes höchstpersönlich im Leib getragen, dann zur Welt gebracht sowie dann auch noch als Kind großgezogen zu haben. Das ist zweifellos ein besonderes Vorrecht und damit in gewissem Sinne auch eine *„Gnade"*, dies für Gott ausführen zu dürfen.

Allerdings übersehen wir bei dieser Argumentation, dass eine solche Interpretation der ihr widerfahrenden *„Gnade"* – so richtig sie im theologischen Sinn auch sein mag – Maria als Mensch völlig vernachlässigt. Man sollte sich fairerweise gleichzeitig auch vor Augen halten, was Maria denn alles widerfahren ist, nachdem ihr der Engel die Gnade Gottes so explizit zugesprochen hat! Was hat sie denn unmittelbar danach erlebt also solcherart *„Begnadete"*? Doch erst mal nichts als lauter Probleme und Schwierigkeiten!

Es ist also sehr zu vermuten, dass sie sich nach dem Besuch des Engels noch etliche Jahre lang immer mal wieder gefragt haben wird, was denn *„begnadet sein"* nun wirklich beinhaltet. Wir sollten davon ausgehen, dass auch sie ganz bestimmt eine andere Vorstellung dessen hatte, wie das Leben und Erleben einer gläubigen Frau sich gestalten wird, wenn diese unter Gottes speziellem Segen, nämlich mit seiner ausdrücklich und persönlich zugesagten *„Gnade"*, leben darf.

Und Josef wohl auch. Wie hat er sich das Leben an der Seite einer von Gott speziell *„begnadeten"* Braut, Ehefrau und Mutter wohl vorgestellt? Ganz bestimmt nicht so problembehaftet!

Damit stellt die Weihnachtsgeschichte auch an uns die Frage nach unserem Gnadenverständnis. Sicherlich hoffen, wünschen und beten wir, dass sich unser Leben unter der Gnade Gottes entwickelt. Gleichzeitig sollten wir aber die Illusion begraben, dass uns dies dann automatisch eine Menge an Lebensproblemen ersparen wird. Der Zusammenhang *„Je mehr Gnade, desto weniger Not!"* ist biblisch nicht begründet. Das zeigt uns sehr deutlich das Beispiel von Maria in der Weihnachtsgeschichte!

Kommt ja noch dazu, dass der Engel Maria darüber hinaus auch noch ein *„Der Herr (ist) mit dir!"* (Lukas 1,28) zusagt! Damit ist sicher nicht nur gemeint, dass ja nun Jesus, der Herr, neun Monate buchstäblich *„in ihr drin"* sein werde. Vielmehr dürfte dies eine Bekräftigung und Bestätigung des ihr soeben zugesagten Gnadenstatus' sein. Mit *„Der Herr ist mit Dir!"* wird also die Art und der Charakter der Gnade genauer beschrieben und für Maria greifbarer formuliert.

Das ist deswegen für uns von besonderem Interesse, weil diese Zusage auch für uns Christen heute Gültigkeit hat. Spätestens mit Jesu Versprechen *„Ich bin bei Euch alle Tage!"*, welches er gemäß Matthäus 28,20 zusammen mit dem Sendungsbefehl seinen Jünger mitgegeben hat, beziehen wir das – zu Recht! – auch auf uns selber: Jeder aufrichtige Jünger Jesu darf bis heute davon ausgehen, dass *„der Herr mit ihm"* sei! Die Zusage des Engels an Maria ist also deckungsgleich mit der Versprechen Jesu an uns! Wir sind diesbezüglich im selben Status wie Maria!

Damit wird nochmal verdeutlicht, dass das Ergehen Marias als *„Begnadete, mit der der Herr ist"*, sehr wohl ein Vorbild, sozusagen ein Ur-Typus dessen darstellt, wie sich ein Leben unter Gottes Gnade entwickeln kann.

Sind wir bereit, diesen Vollzug von Gnade in unserem Leben zu akzeptieren? Darf Jesus uns gegebenenfalls auch in dieser Form *„gnädig"* sein – oder verlieren wir in Notsituationen sofort unser Status-Empfinden, in alledem weiterhin unter der Gnade Gottes zu stehen, unter seinem Segen zu leben und Jesus als unsern Herrn „*mit uns*" zu haben?

Jawohl, der Teufel hat sich bei Maria aufgemacht, weil er den Vollzug ihrer „*Begnadigung*", Großartiges für das Reich Gottes tun zu dürfen, verhindern wollte. Ergebnis: Er hat ihr das Leben schwergemacht, wo er nur konnte!

Auf den Punkt gebracht heißt das: Die allererste neutestamentliche „*Begnadete, mit der der Herr war*", kam bereits in existentielle Nöte, als Jesus noch nicht einmal auf der Welt war, und zwar nicht „trotz" Jesus, sondern „wegen" Jesus!

Das ist eine der Kernaussagen der Weihnachtsgeschichte!

Wollen auch wir Großartiges für das Reich Gottes tun? Vielleicht derart, dass wir – entsprechend dem Sendungsbefehl - dabei mithelfen, dass Jesus, der Sohn Gottes, erneut in die Welt von Menschen um uns herum eintreten kann? Und erwarten und erbitten wir dazu „*Gottes Gnade*"?

Dann zeigt uns Marias Weihnachtsergehen, was wir erwarten können.

***

Da ist die Weihnachtsgeschichte, wie sie uns die Bibel überliefert. Wer die beiden Weihnachtsgeschichten so liest, hat Weihnachten verstanden.

Diese zwei Schwerpunkte fallen besonders ins Auge: Zum einen die vielen Probleme, die im Zusammenhang mit Jesu Geburt auftreten, und zum anderen, dass mehrere Beteiligte völlig überraschend durchblicken und den geistlichen Sinn, der dahintersteckt, erkennen können. Das sind die beiden Kernbotschaften, die Matthäus und Lukas in ihre Geburtsschilderungen Jesu eingearbeitet haben.

Und wenn wir dann zusätzlich noch etwas genauer hinschauen, dann werden wir demütig. Denn wir erkennen dank Matthäus, der die am

Geschehen beteiligten Menschen lediglich als Statisten schildert, dass nicht wir im Zentrum stehen, wenn Gott in die Weltgeschichte eingreift. Außerdem fordert uns das Beispiel von Maria heraus, unser Verständnis von göttlicher Gnade zu überprüfen, weil an ihr anschaulich wird, wie ein *„begnadetes"* Leben aussehen kann. Und nicht zuletzt erkennen wir, dass das Kommen Jesu in die Welt hinein – auch in unsere persönliche Welt hinein! – durchaus nicht automatisch das Ende aller Probleme und Schwierigkeiten bedeutet, sondern eher das Gegenteil auslösen kann! Jesus kam nicht nur damals völlig anders als von den „Frommen" (!) erhofft und erwartet.

Das sind durchaus herausfordernde Einsichten und Erkenntnisse, die die beiden Weihnachtsschilderungen uns vermitteln. Sie sind nicht bequem. Aber sie sind wichtig, gerade für uns, die wir einerseits ein „Wohlstandsevangelium" vollmundig ablehnen, uns aber andererseits längst ein „Wohlfühlevangelium" angeeignet haben, das der biblischen Überlieferung genauso wenig wie ersteres entspricht. Leider zumeist, ohne uns dessen wirklich bewusst zu sein, geschweige denn, es uns auch einzugestehen.

Gerade deshalb ist es wichtig, auch die beiden Weihnachtsgeschichten so zur Kenntnis zu nehmen, wie sie überliefert werden, und sie nicht ebenfalls völlig unreflektiert in unser „Wohlfühl-Christsein" zu integrieren. Die Versuchung dazu ist gerade innerhalb unserer omnipräsenten romantisierenden Weihnachtskultur enorm.

Sich stattdessen auf die Bibel zu besinnen, also auf das, was Gott uns über Weihnachten weiterzugeben für wichtig erachtet, kann uns nur guttun.

Die Weihnachtsgeschichte nach Matthäus
(Matthäus 1,18 - 2,23)

Jesu Geburt

1,18 Die Geburt Jesu Christi geschah aber so: Als Maria, seine Mutter, dem Josef vertraut war, fand es sich, ehe er sie heimholte, dass sie schwanger war von dem Heiligen Geist.

19 Josef aber, ihr Mann, war fromm und wollte sie nicht in Schande bringen, gedachte aber, sie heimlich zu verlassen.

20 Als er das noch bedachte, siehe, da erschien ihm der Engel des Herrn im Traum und sprach: Josef, du Sohn Davids, fürchte dich nicht, Maria, deine Frau, zu dir zu nehmen; denn was sie empfangen hat, das ist von dem Heiligen Geist.

21 Und sie wird einen Sohn gebären, dem sollst du den Namen Jesus geben, denn er wird sein Volk retten von ihren Sünden.

22 Das ist aber alles geschehen, damit erfüllt würde, was der Herr durch den Propheten gesagt hat, der da spricht (Jesaja 7,14):

23 »Siehe, eine Jungfrau wird schwanger sein und einen Sohn gebären, und sie werden ihm den Namen Immanuel geben«, das heißt übersetzt: Gott mit uns.

24 Als nun Josef vom Schlaf erwachte, tat er, wie ihm der Engel des Herrn befohlen hatte, und nahm seine Frau zu sich.

25 Und er berührte sie nicht, bis sie einen Sohn gebar; und er gab ihm den Namen Jesus.

Die Weisen aus dem Morgenland

2,1 Als Jesus geboren war in Bethlehem in Judäa zur Zeit des Königs Herodes, siehe, da kamen Weise aus dem Morgenland nach Jerusalem und sprachen:

2 Wo ist der neugeborene König der Juden? Wir haben seinen Stern gesehen im Morgenland und sind gekommen, ihn anzubeten.

3 Als das der König Herodes hörte, erschrak er und mit ihm ganz Jerusalem,

4 und er ließ zusammenkommen alle Hohenpriester und Schriftgelehrten des Volkes und erforschte von ihnen, wo der Christus geboren werden sollte.

5 Und sie sagten ihm: In Bethlehem in Judäa; denn so steht geschrieben durch den Propheten (Micha 5,1):

6 »Und du, Bethlehem im jüdischen Lande, bist keineswegs die kleinste unter den Städten in Juda; denn aus dir wird kommen der Fürst, der mein Volk Israel weiden soll.«

7 Da rief Herodes die Weisen heimlich zu sich und erkundete genau von ihnen, wann der Stern erschienen wäre,

8 und schickte sie nach Bethlehem und sprach: Zieht hin und forscht fleißig nach dem Kindlein; und wenn ihr's findet, so sagt mir's wieder, dass auch ich komme und es anbete.

9 Als sie nun den König gehört hatten, zogen sie hin. Und siehe, der Stern, den sie im Morgenland gesehen hatten, ging vor ihnen her, bis er über dem Ort stand, wo das Kindlein war.

10 Als sie den Stern sahen, wurden sie hocherfreut

11 und gingen in das Haus und fanden das Kindlein mit Maria, seiner Mutter, und fielen nieder und beteten es an und taten ihre Schätze auf und schenkten ihm Gold, Weihrauch und Myrrhe.

12 Und Gott befahl ihnen im Traum, nicht wieder zu Herodes zurückzukehren; und sie zogen auf einem andern Weg wieder in ihr Land.

Die Flucht nach Ägypten

13 Als sie aber hinweggezogen waren, siehe, da erschien der Engel des Herrn dem Josef im Traum und sprach: Steh auf, nimm das Kindlein und seine Mutter mit dir und flieh nach Ägypten und bleib dort, bis ich dir's sage; denn Herodes hat vor, das Kindlein zu suchen, um es umzubringen.

14 Da stand er auf und nahm das Kindlein und seine Mutter mit sich bei Nacht und entwich nach Ägypten

15 und blieb dort bis nach dem Tod des Herodes, damit erfüllt würde, was der Herr durch den Propheten gesagt hat, der da spricht (Hosea 11,1): »Aus Ägypten habe ich meinen Sohn gerufen.«

Der Kindermord des Herodes

16 Als Herodes nun sah, dass er von den Weisen betrogen war, wurde er sehr zornig und schickte aus und ließ alle Kinder in Bethlehem töten und in der ganzen Gegend, die zweijährig und darunter waren, nach der Zeit, die er von den Weisen genau erkundet hatte.

17 Da wurde erfüllt, was gesagt ist durch den Propheten Jeremia, der da spricht (Jeremia 31,15):

18 »In Rama hat man ein Geschrei gehört, viel Weinen und Wehklagen; Rahel beweinte ihre Kinder und wollte sich nicht trösten lassen, denn es war aus mit ihnen.«

Die Rückkehr aus Ägypten

19 Als aber Herodes gestorben war, siehe, da erschien der Engel des Herrn dem Josef im Traum in Ägypten

20 und sprach: Steh auf, nimm das Kindlein und seine Mutter mit dir und zieh hin in das Land Israel; sie sind gestorben, die dem Kindlein nach dem Leben getrachtet haben.

21 Da stand er auf und nahm das Kindlein und seine Mutter mit sich und kam in das Land Israel.

22 Als er aber hörte, dass Archelaus in Judäa König war anstatt seines Vaters Herodes, fürchtete er sich, dorthin zu gehen. Und im Traum empfing er Befehl von Gott und zog ins galiläische Land

23 und kam und wohnte in einer Stadt mit Namen Nazareth, damit erfüllt würde, was gesagt ist durch die Propheten: Er soll Nazoräer heißen.

Die Weihnachtsgeschichte nach Lukas
(Lukas 1,26 – 56 und 2,1 - 40)

Die Ankündigung der Geburt Jesu

1,26 Und im sechsten Monat wurde der Engel Gabriel von Gott gesandt in eine Stadt in Galiläa, die heißt Nazareth,

27 zu einer Jungfrau, die vertraut war einem Mann mit Namen Josef vom Hause David; und die Jungfrau hieß Maria.

28 Und der Engel kam zu ihr hinein und sprach: Sei gegrüßt, du Begnadete! Der Herr ist mit dir!

29 Sie aber erschrak über die Rede und dachte: Welch ein Gruß ist das?

30 Und der Engel sprach zu ihr: Fürchte dich nicht, Maria, du hast Gnade bei Gott gefunden.

31 Siehe, du wirst schwanger werden und einen Sohn gebären, und du sollst ihm den Namen Jesus geben.

32 Der wird groß sein und Sohn des Höchsten genannt werden; und Gott der Herr wird ihm den Thron seines Vaters David geben,

33 und er wird König sein über das Haus Jakob in Ewigkeit, und sein Reich wird kein Ende haben.

34 Da sprach Maria zu dem Engel: Wie soll das zugehen, da ich doch von keinem Mann weiß?

35 Der Engel antwortete und sprach zu ihr: Der Heilige Geist wird über dich kommen, und die Kraft des Höchsten wird dich überschatten; darum wird auch das Heilige, das geboren wird, Gottes Sohn genannt werden.

36 Und siehe, Elisabeth, deine Verwandte, ist auch schwanger mit einem Sohn, in ihrem Alter, und ist jetzt im sechsten Monat, von der man sagt, dass sie unfruchtbar sei.

37 Denn bei Gott ist kein Ding unmöglich.

38 Maria aber sprach: Siehe, ich bin des Herrn Magd; mir geschehe, wie du gesagt hast. Und der Engel schied von ihr.

Marias Besuch bei Elisabeth

39 Maria aber machte sich auf in diesen Tagen und ging eilends in das Gebirge zu einer Stadt in Juda

40 und kam in das Haus des Zacharias und begrüßte Elisabeth.

41 Und es begab sich, als Elisabeth den Gruß Marias hörte, hüpfte das Kind in ihrem Leibe. Und Elisabeth wurde vom Heiligen Geist erfüllt

42 und rief laut und sprach: Gepriesen bist du unter den Frauen, und gepriesen ist die Frucht deines Leibes!

43 Und wie geschieht mir das, dass die Mutter meines Herrn zu mir kommt?

44 Denn siehe, als ich die Stimme deines Grußes hörte, hüpfte das Kind vor Freude in meinem Leibe.

45 Und selig bist du, die du geglaubt hast! Denn es wird vollendet werden, was dir gesagt ist von dem Herrn.

Marias Lobgesang

46 Und Maria sprach: Meine Seele erhebt den Herrn,

47 und mein Geist freut sich Gottes, meines Heilandes;

48 denn er hat die Niedrigkeit seiner Magd angesehen. Siehe, von nun an werden mich selig preisen alle Kindeskinder.

49 Denn er hat große Dinge an mir getan, der da mächtig ist und dessen Name heilig ist.

50 Und seine Barmherzigkeit währt von Geschlecht zu Geschlecht bei denen, die ihn fürchten.

51 Er übt Gewalt mit seinem Arm und zerstreut, die hoffärtig sind in ihres Herzens Sinn.

52 Er stößt die Gewaltigen vom Thron und erhebt die Niedrigen.

53 Die Hungrigen füllt er mit Gütern und lässt die Reichen leer ausgehen.

54 Er gedenkt der Barmherzigkeit und hilft seinem Diener Israel auf,

55 wie er geredet hat zu unsern Vätern, Abraham und seinen Kindern in Ewigkeit.

56 Und Maria blieb bei ihr etwa drei Monate; danach kehrte sie wieder heim.

Jesu Geburt

2,1 Es begab sich aber zu der Zeit, dass ein Gebot von dem Kaiser Augustus ausging, dass alle Welt geschätzt würde.

2 Und diese Schätzung war die allererste und geschah zur Zeit, da Quirinius Statthalter in Syrien war.

3 Und jedermann ging, dass er sich schätzen ließe, ein jeder in seine Stadt.

4 Da machte sich auf auch Josef aus Galiläa, aus der Stadt Nazareth, in das jüdische Land zur Stadt Davids, die da heißt Bethlehem, weil er aus dem Hause und Geschlechte Davids war,

5 damit er sich schätzen ließe mit Maria, seinem vertrauten Weibe; die war schwanger.

6 Und als sie dort waren, kam die Zeit, dass sie gebären sollte.

7 Und sie gebar ihren ersten Sohn und wickelte ihn in Windeln und legte ihn in eine Krippe; denn sie hatten sonst keinen Raum in der Herberge.

8 Und es waren Hirten in derselben Gegend auf dem Felde bei den Hürden, die hüteten des Nachts ihre Herde.

9 Und der Engel des Herrn trat zu ihnen, und die Klarheit des Herrn leuchtete um sie; und sie fürchteten sich sehr.

10 Und der Engel sprach zu ihnen: Fürchtet euch nicht! Siehe, ich verkündige euch große Freude, die allem Volk widerfahren wird;

11 denn euch ist heute der Heiland geboren, welcher ist Christus, der Herr, in der Stadt Davids.

12 Und das habt zum Zeichen: Ihr werdet finden das Kind in Windeln gewickelt und in einer Krippe liegen.

13 Und alsbald war da bei dem Engel die Menge der himmlischen Heerscharen, die lobten Gott und sprachen:

14 Ehre sei Gott in der Höhe und Friede auf Erden bei den Menschen seines Wohlgefallens.

15 Und als die Engel von ihnen gen Himmel fuhren, sprachen die Hirten untereinander: Lasst uns nun gehen nach Bethlehem und die Geschichte sehen, die da geschehen ist, die uns der Herr kundgetan hat.

16 Und sie kamen eilend und fanden beide, Maria und Josef, dazu das Kind in der Krippe liegen.

17 Als sie es aber gesehen hatten, breiteten sie das Wort aus, das zu ihnen von diesem Kinde gesagt war.

18 Und alle, vor die es kam, wunderten sich über das, was ihnen die Hirten gesagt hatten.

19 Maria aber behielt alle diese Worte und bewegte sie in ihrem Herzen.

20 Und die Hirten kehrten wieder um, priesen und lobten Gott für alles, was sie gehört und gesehen hatten, wie denn zu ihnen gesagt war.

21 Und als acht Tage um waren und man das Kind beschneiden musste, gab man ihm den Namen Jesus, wie er genannt war von dem Engel, ehe er im Mutterleib empfangen war.

Jesu Darstellung im Tempel. Simeon und Hanna

22 Und als die Tage ihrer Reinigung nach dem Gesetz des Mose um waren, brachten sie ihn nach Jerusalem, um ihn dem Herrn darzustellen,

23 wie geschrieben steht im Gesetz des Herrn (2.Mose 13,2; 13,15): »Alles Männliche, das zuerst den Mutterschoß durchbricht, soll dem Herrn geheiligt heißen«,

24 und um das Opfer darzubringen, wie es gesagt ist im Gesetz des Herrn: »ein Paar Turteltauben oder zwei junge Tauben« (3.Mose 12,6-8).

25 Und siehe, ein Mann war in Jerusalem, mit Namen Simeon; und dieser Mann war fromm und gottesfürchtig und wartete auf den Trost Israels, und der Heilige Geist war mit ihm.

26 Und ihm war ein Wort zuteil geworden von dem Heiligen Geist, er solle den Tod nicht sehen, er habe denn zuvor den Christus des Herrn gesehen.

27 Und er kam auf Anregen des Geistes in den Tempel. Und als die Eltern das Kind Jesus in den Tempel brachten, um mit ihm zu tun, wie es Brauch ist nach dem Gesetz,

28 da nahm er ihn auf seine Arme und lobte Gott und sprach:

29 Herr, nun lässt du deinen Diener in Frieden fahren, wie du gesagt hast;

30 denn meine Augen haben deinen Heiland gesehen,

31 den du bereitet hast vor allen Völkern,

32 ein Licht, zu erleuchten die Heiden und zum Preis deines Volkes Israel.

33 Und sein Vater und seine Mutter wunderten sich über das, was von ihm gesagt wurde.

34 Und Simeon segnete sie und sprach zu Maria, seiner Mutter: Siehe, dieser ist gesetzt zum Fall und zum Aufstehen für viele in Israel und zu einem Zeichen, dem widersprochen wird

35 – und auch durch deine Seele wird ein Schwert dringen –, damit vieler Herzen Gedanken offenbar werden.

36 Und es war eine Prophetin, Hanna, eine Tochter Phanuëls, aus dem Stamm Asser; die war hochbetagt. Sie hatte sieben Jahre mit ihrem Mann gelebt, nachdem sie geheiratet hatte,

37 und war nun eine Witwe an die vierundachtzig Jahre; die wich nicht vom Tempel und diente Gott mit Fasten und Beten Tag und Nacht.

38 Die trat auch hinzu zu derselben Stunde und pries Gott und redete von ihm zu allen, die auf die Erlösung Jerusalems warteten.

39 Und als sie alles vollendet hatten nach dem Gesetz des Herrn, kehrten sie wieder zurück nach Galiläa in ihre Stadt Nazareth.

40 Das Kind aber wuchs und wurde stark, voller Weisheit, und Gottes Gnade war bei ihm.

Vom selben Autor sind bisher erschienen:

Stefan Michaeli

Erbärmliche Gemeinden
Warum's nix wird in Deutschland
Ein Pastor packt aus

Die ungeistlichen Missstände in freikirchlichen Gemeinden sind ein weitgehendes Tabu.

Zunehmend quittieren dort Pastoren ihren Dienst. Nicht aus Unfähigkeit oder Desinteresse. Sie verschwinden frustriert von der Bildfläche, weil sie's nicht mehr aushalten. Was sie erlebt haben und was sie verzweifeln ließ,

behalten sie für sich.

Diejenigen Pastoren, die ebenfalls leiden, aber es noch aushalten, die behalten's ebenfalls für sich. Andernfalls riskieren sie ihren Job. Aber auch das sind inzwischen etliche.

Erfolgreiche Pastoren schreiben Bücher. Erfolglose nicht.

Hier schreibt mal einer dieser Abgekämpften, Frustrierten, Desillusionierten. Schonungslos, authentisch und ohne Blatt vor dem Mund. Er gibt all denen eine Stimme, die erlebt haben: *„Da stimmt was hinten und vorne nicht im frommen Lager!"*

Paperback | 316 Seiten
ISBN: 9 783 753 495 279

Erhältlich über seine homepage ***www.stefanmichaeli.weebly.com***, beim „BoD"-Verlag ***www.bod.de/buchshop*** oder im Buchhandel. Auch als E-Book erhältlich!

Stefan Michaeli

Sterbefall „Gemeinde"
Sind wir noch zu retten?
„Biblische Gemeinde" geht anders …

Lieben Sie Ihre Gemeinde?

Umso größer der Schmerz, wenn es Zoff gibt untereinander, Geschwister frustriert die Gemeinde verlassen, die Gemeinde sich im Unfrieden spaltet oder ganz untergeht.

Es geht nicht einfach nur darum, wie wir Christen persönlich miteinander umgehen. Sondern es geht wesentlich auch darum, wie wir mit unseren Gemeinden umgehen. Ob wir sie so behandeln, wie Jesus das möchte und ob wir sie so sehen, wie Gott sie sieht.

„Meine Gemeinde mit Gottes Augen sehen!" – das würde helfen. Aber da sind wir blind. Unbiblisch blind. Und unsere Gemeinden laufen in die Katastrophe.

Dabei steht Gottes Gemeindeverständnis schwarz auf weiß in der Bibel. Wir müssten es nur sehen!

Paperback | 340 Seiten
ISBN: 9 783 753 496 429

Erhältlich über seine homepage ***www.stefanmichaeli.weebly.com***, beim „BoD"-Verlag ***www.bod.de/buchshop*** oder im Buchhandel. Auch als E-Book erhältlich!

Stefan Michaeli

Hundertachtzig Grad verkehrt
Zehn Grundsatzfehler in der Jesus-Nachfolge

Machen wir „Frommen" etwas falsch?

Es ist nicht zu übersehen: Das „christliche Abendland" hat abgewirtschaftet, wir hierzulande sind theologisch und geistlich nicht mehr tonangebend und Jesus ist längst in anderen Erdteilen wirksam, aber nicht mehr bei uns.

Woran liegt's? Liegt's an uns? Machen wir etwas falsch?

Ja, machen wir. Und zwar ohne es zu merken.

Der Autor benennt dazu zehn Bereiche, in denen wir Nachfolge grundsätzlich falsch anpacken. Und nimmt dabei kein Blatt vor den Mund. Darum ist dieses Buch nicht ausgewogen und wohltemperiert, sondern aufrüttelnd, wachmachend und provokativ.

Weil wir eine ungeschönte Bestandsaufnahme dringend brauchen.

Paperback | 262 Seiten
ISBN: 9 783 753 445 571

Erhältlich über seine homepage ***www.stefanmichaeli.weebly.com***, beim „BoD"-Verlag ***www.bod.de/buchshop*** oder im Buchhandel. Auch als E-Book erhältlich!

Stefan Michaeli

Jesus provoziert!
Predigten über den „ganzen" Jesus

Wir haben uns Jesus bequem gemacht und passend zurechtgelegt.

Ausgehend von unseren vermeintlichen oder tatsächlichen Lebensdefiziten haben wir uns einen Jesus zusammengebastelt, der unsere Bedürfnisse zu befriedigen, unsere Wünsche zu erfüllen und möglichst sämtliche unserer Probleme mit göttlicher Macht zu beheben hat. Ist das nicht sein Job? Schließlich ist er der „Erlöser" - also soll er mich bitteschön auch laufend „erlösen"... Und weil uns dazu auch immer gleich noch die eine oder andere

passende Bibelstelle dazu einfällt, glauben wir, dies sei tatsächlich der „biblische" Jesus.

Aber: Jesus als König? Jesus, der regiert? Jesus, der einen Anspruch an uns haben könnte? Jesus, in dessen Dienst wir stehen? Davon bleibt in unserem Jesusverständnis reichlich wenig übrig.

Der biblische Jesus ist aber nicht einfach nur bequem. Oftmals sogar ganz und gar nicht. Ganz im Gegenteil. Er kann auch ganz anders. Er ist anders!

Wir müssen wieder den „ganzen" Jesus entdecken. Nur das ist der echte Jesus.

Und es gibt nur den.

Paperback | 372 Seiten
ISBN: 9 783 753 496 542

Erhältlich über seine homepage *www.stefanmichaeli.weebly.com*, beim „BoD"-Verlag *www.bod.de/buchshop* oder im Buchhandel. Auch als E-Book erhältlich!

Stefan Michaeli

Placebo-Glaube
Die evangelikale Mogelpackung

Wieviel Substanz hat der evangelikale Glauben heute noch?

Vollmundig behaupten wir, den „echten Jesus" zu haben, den „wahren Glauben" zur repräsentieren und somit „authentische Nachfolge" zu praktizieren.

In Wahrheit haben wir Jesus längst durch den evangelikalen Weichspüler gemangelt: Wir haben den Sendungsauftrag unseres Herrn durch permanente Pflege unserer Behaglichkeit ersetzt, wir verweigern unisono jegliche biblische Herausforderung und erwarten von Jesus ausschließlich individuelle Erquickung sowie Beseitigung unserer persönlichen Alltagsprobleme.

Und das Schlimmste: Da wir uns allesamt und gemeindeübergreifend dahin entwickelt haben, erkennen wir unsere Schieflage noch nicht einmal …

Was muten wir Jesus eigentlich zu?

Paperback | 306 Seiten
ISBN: 9 783 769 313 352

Erhältlich über seine homepage *www.stefanmichaeli.weebly.com*, beim „BoD"-Verlag *www.bod.de/buchshop* oder im Buchhandel. Auch als E-Book erhältlich!

Stefan Michaeli

Nur die Bibel!
Das ist nicht zu glauben.

Wie vertrauenswürdig ist die Bibel? Worauf gründet die Annahme ihrer göttlichen Urheberschaft und Autorität?

Viele Christen "glauben" an die Bibel. Erstens, weil sie es so gelernt haben; zweitens, weil das ja alle Christen tun; und drittens, weil sie persönlich oder gute Freunde schon mal die eine oder andere gute Erfahrungen mit

"Vertrauen zu Bibel" gemacht haben. Das ist gängige christliche Praxis und wird als konstituierend für den christlichen Glauben angesehen.

Darüber hinaus gilt derzeit als unbestreitbare Maxime, dass man die göttliche Inspiration der Bibel "leider nicht beweisen" könne.

Aber: Wenn man Gottes Urheberschaft der Bibel mit unabhängigen und nachweisbaren Fakten oder sogar mit belastbaren historischen Tatsachen belegen könnte, dann wäre unsere fromme Behauptung, dass sie von Gott stamme, weit mehr als nur eine geistliche Hypothese, die die Christenheit unabdingbar zur Rückversicherung ihres Glaubens benötigt!

Paperback | 88 Seiten
ISBN: 9 783 758 313 400

Erhältlich über seine homepage ***www.stefanmichaeli.weebly.com***, beim „BoD"-Verlag ***www.bod.de/buchshop*** oder im Buchhandel. Auch als E-Book erhältlich!